马克思主义经济学常识

主　　编　　闫　玉

副 主 编　　孔德生　王雪军

本册作者　　文　利

中华工商联合出版社

图书在版编目（CIP）数据

马克思主义经济学常识 / 文利编著. --北京：中
华工商联合出版社，2014.3
ISBN 978-7-80249-976-8

Ⅰ．①马… Ⅱ．①文… Ⅲ．①马克思主义政治经济学
—青年读物②马克思主义政治经济学—少年读物 Ⅳ．
①F0-0

中国版本图书馆 CIP 数据核字（2014）第 034655 号

马克思主义经济学常识

作　　者：文　利
出 品 人：徐　潜
策划编辑：魏鸿鸣
责任编辑：林　立
封面设计：徐　超
责任审读：郭敬梅
责任印制：迈致红
出版发行：中华工商联合出版社有限责任公司
印　　刷：固安县云鼎印刷有限公司
版　　次：2014 年 4 月第 1 版
印　　次：2021 年 10 月第 2 次印刷
开　　本：155mm×220mm　1/16
字　　数：80 千字
印　　张：12.25
书　　号：ISBN 978-7-80249-976-8
定　　价：38.00 元

服务热线：010－58301130
销售热线：010－58302813
地址邮编：北京市西城区西环广场 A 座
　　　　　　19－20 层，100044
http://www.chgslcbs.cn
E-mail：cicap1202@sina.com（营销中心）
E-mail：gslzbs@sina.com（总编室）

目 录 *Contents*

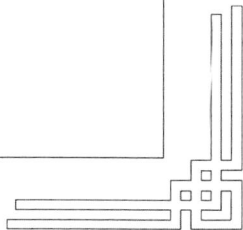

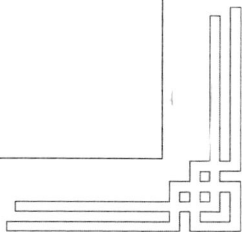

一、四十年心血铸就辉煌
——马克思主义政治经济学

马克思主义政治经济学的基本观点主要包括在马克思的重要著作《资本论》中，马克思研究了资本主义经济学的理论和英国历年的经济统计资料，对资本主义经济学理论进行了分析和批判。无产阶级的"全部理论内容是从研究政治经济学产生的"。

马克思和恩格斯运用无产阶级世界观和历史观——辩证唯物主义和历史唯物主义，创立了阐明人类社会各个发展阶段上支配物质资料的生产、分配、交换和消费的规律的科学。

马克思主义政治经济学作为马克思主义的三个组成部分之一，是无产阶级的政治经济学，只有到了阶级已经完全消灭的共产主义的高级阶段，它才可能成

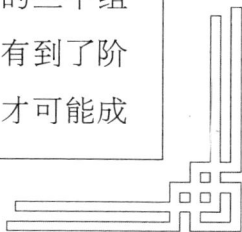

为全体社会成员的政治经济学。马克思提出了剩余价值理论，认为劳动的付出没有得到同样的回报，剩余价值被没有付出劳动的"资本"所剥削。生产资料的私人占有和产品的社会化必然会导致周期性的经济危机，解决的办法只有实行计划经济。历史上没有一个经济学家可以提出一贴万应灵药，人类对经济规律的理解还只是处于一种大致定性的状态，马克思发现了经济规律中的一个重要方面，在经济学领域做出了重大的贡献。

（一）马克思主义政治经济学的产生

恩格斯说："我曾不止一次地听到马克思说，正是他对林木盗窃法和摩塞尔河地区农民处境的研究，推动他由纯政治转向研究经济关系，并从而走向社会主义。"

最先使用政治经济学一词的是法国重商主义者蒙克莱田，在他的著作《献给国王和王太后的政治经济学》中首次提到。政治经济学作为一门独立的社会科学，是随着资本主义生产方式的产生与发展而逐渐形成的。在 19 世纪中叶，马克思和恩格斯创立了无产阶级政治经济学，即马克思主义政治经济学。

（二）马克思主义政治经济学的研究对象

政治经济学也是在古典经济学时代形成的。古典经济学对政治经济学研究对象的规定是政治经济学之后发展的基础，因此，探讨政治经济学的研究对象就需要从古典经济学开始。

1. 古典经济学关于政治经济学研究对象

政治经济学作为一门独立学科的建立是在古典经济学基础上完成的，政治经济学研究对象的最初确立也是由古典经济学完成的。亚当·斯密和李嘉图等人关于政治经济学研究对象的确立，是通过萨伊等人阐述的。萨伊是亚当·斯密的理论在法国的阐释者。由于《国富论》是经济学专著，不适合于教学，萨伊将其改编成教科书，于 1803 年出版。书名为《政治经济学概论——财富的生产、分配和消费》，全书由生产、分配、消费三篇构成，即"三分法"。此后，李

嘉图的追随者詹姆斯·穆勒将政治经济学的研究对象分为生产、分配、交换和消费四个方面，即"四分法"。

人类的经济行为涉及两个方面的关系：一是人与自然的关系，二是人与人的关系。前者表现为经济行为的生产力方面或者资源配置问题或者经济运行机制问题；后者表现为经济行为的生产关系方面或者经济制度问题。在古典经济学那里，经济学或者政治经济学的研究体现两个方面内容的统一，即资源配置研究与制度分析的结合与统一。或者说，古典经济学研究的资源配置，是在结合经济制度及其演变的背景下进行的；或者说，古典经济学将政治经济学的研究对象确定为一定制度背景下的资源配置或经济运行。

2. 马克思主义经济学关于政治经济学研究对象

马克思主义政治经济学研究对象的确定，是由其产生的背景和面临的任务决定的。马克思主义政治经济学产生于 19 世纪中叶。19 世纪中叶，资本主义生产方式在欧洲已经确立，资本主义基本矛盾日益暴露出来，经济危机周期性爆发。危机使无产阶级与资产阶级的利益矛盾日益激化，无产阶级与资产阶级的斗争公开化。斗争一开始是自发的，没有明确的目标和方向。为了从理论上武装无产阶级，为无产阶级斗争指明方向，需要从经济上分析资本主义制度，揭露资本主义基本矛盾，揭示资本主义生产方式的产生、发展及灭亡的规律。适应这种需要，马克思和恩格斯创立了无产阶级政治经济学。

关于政治经济学的研究对象，马克思在《资本论》第一卷序言中提到："我在本书中研究的是资本主义生产方式以及和它相适应的生产关系和交换关系。"在《反杜林论》中，恩格斯认为："政治经济学，从最广的意义上说，是研究人类社会中支配物质生活资料的生产和交换的规律的科学。"

在马克思主义经济学中，人类的经济行为的两个方面即人与自然的关系方面和人与人的关系方面被叫作生产力和生产关系两个方面，这二者的结合叫作生产方式。从马克思和恩格斯关于政治经济学研究对象的上述论述中，我们知道，马克思主义经济学的研究对象是包括生产力和生产关系两个方面的生产方式，但强调生产关系，这是由其所面临的任务决定的。恩格斯说："政治经济学是'一门研究人类各种社会进行生产关系和交换并相应地进行产品分配的条件和形成的科学'"（《马克思恩格斯选集》第 3 卷第 189 页），因此，政治经济学绝不是研究生产本身，而是研究人们的生产关系，即关于生产、分配、交换、消

费的社会关系。恩格斯的定义虽然没有提到消费，但是我们都知道，有消费才需要生产，所以消费是生产关系的一个环节。

（三）马克思主义政治经济学的基本特征

马克思主义理论包括马克思主义哲学、马克思主义政治经济学和科学社会主义三部分，这三部分在逻辑上是一致的，在思想上是连贯的，它们共同构成了马克思主义理论的完整体系。马克思主义政治经济学和科学社会主义都是建立在马克思主义哲学基础之上的，马克思主义哲学就是辩证唯物主义和历史唯物主义，它是无产阶级及其政党的世界观和方法论，是无产阶级进行革命和建设的思想武器。因此，研究马克思主义政治经济学的理论特征必须联系马克思主义哲学来研究。

1. 阶级性。众所周知，哲学是关于世界观的学说，它的基本问题是思维对存在、精神对物质的关系问题。马克思主义以前的哲学从来都掩饰自己的阶级性，只有马克思主义哲学，从它产生之日起，就公开申明自己是无产阶级的世界观，并为无产阶级和广大劳动人民的解放事业服务的，是无产阶级进行阶级斗争和社会建设的工具。马克思说："哲学把无产阶级当作自己的物质武器，同样地，无产阶级也把哲学当作自己的精神武器。"马克思主义政治经济学正是从这一哲学角度出发，确立自己的研究对象为资本主义的生产关系及其运动规律。生产关系就是人与人之间的物质利益关系，因此，研究资本主义的生产关系，必然涉及资产阶级与无产阶级之间的物质利益关系，在研究过程中，马克思站在无产阶级的立场上，运用历史唯物主义和辩证唯物主义的科学方法，代表无产阶级和劳动人民的利益，通过创立科学的劳动价值论以及在此基础上创立的剩余价值论，深刻地揭示了无产阶级受剥削的秘密，揭示了资产阶级财富的源泉，揭示了资本主义的基本矛盾及其运动必然导致社会主义制度代替资本主义制度，从而为无产阶级的解放事业提供了强大的思想武器和前进的方向。事实上，政治经济学历来都是有阶级性的。

15 世纪到 17 世纪，广泛流行于西欧各国的重商主义学说，是西欧资本原始积累时期代表商业资产阶级利益的经济思想和政策主张；18 世纪下半叶，主要产生于法国和英国的重农学派是代表农业生产者和

土地所有者阶级利益的经济思想；17 世纪中期到 19 世纪初期，在当时资本主义最发达的英国、法国等得到最大发展的古典政治经济学是代表新兴工业资产阶级利益的经济理论；自 19 世纪 30 年代后，在资产阶级政治经济学中占据统治地位的资产阶级庸俗政治经济学更是公开为垄断资产阶级利益辩护、千方百计美化资本主义制度的经济理论体系。

2. 实践性。马克思主义以前的一切哲学理论不仅不懂得实践尤其是人民群众的实践意义，而且不能解决理论与实践的关系，相反是以理论与实践相脱离为特征。马克思主义哲学创始人第一次把实践引入哲学，并全面地、科学地论证了实践，把实践当作历史唯物主义和认识论首要的、基本的观点，强调实践是理论的基础，理论反过来为实践服务，强调实践是检验真理的唯一标准，强调无产阶级和人民群众是实践的主体。马克思主义政治经济学的创立正是马克思主义哲学思想的成功运用。马克思在创立政治经济学的过程中，"一方面阅读了那个时代几乎所有的政治经济学著作，查阅了大量的有关经济史料、重要文献、调查报告和政府文件等"，另一方面，马克思还积极投身工人运动，获得了大量的、全面的、真实的第一手资料，然后选取资本主义生产方式的典型——英国，作为解剖和阐述的例证，展开了对资本主义生产方式的深入研究和探讨，他从资本主义社会最小的经济细胞——商品开始解剖，发现了资本主义生产过程的特点，发现了价值创造的源泉，发现了资本家剥削的秘密，也发现了资本主义生产方式在为资本家生产财富的同时也生产出了自己的掘墓人——无产阶级，也即发现了资本主义灭亡的规律。因此，很显然马克思主义政治经济学来源于实践，反过来又指导实践的主体——无产阶级，为自己赢得解放而进行实践斗争。此外，马克思主义政治经济学中的实践性还体现在它的许多理论都对经济运行和经济研究有显著的指导作用。比如：商品货币理论、资本积累理论、资本有机构成理论、资本循环与周转理论、社会再生产理论、信用经济理论、虚拟经济理论、经济周期理论等。

3. 科学性。以往的哲学，产生于科学发展比较低级的阶段。因此，哲学家们在说明世界时，常常借助于逻辑推理和主观臆测来描绘世界全貌和整体联系。尽管有些哲学家提出了一些天才的预测和有价值的思想，但总的来说都不能科学地揭示世界发展的规律，并不具有很高的科学价值。马克思主义哲学产生于科学水平较高的阶段，特别是细胞学说、能量守恒

和转化的原理、达尔文生物进化论及其自然科学新成果，为马克思主义哲学全面深刻地揭示自然唯物辩证的性质提供了前提。此外，马克思和恩格斯在创立自己理论的过程中，还批判地继承了人类思想史上一切优秀成果，特别是批判地吸收了19世纪德国古典哲学的代表黑格尔的辩证法思想的"合理内核"，抛弃了他的唯心主义体系，批判地吸收了费尔巴哈唯物主义的"基本内核"，抛弃了他的机械论和历史唯心主义，使哲学第一次获得了真正科学的性质。它的科学性就在于，它正确地反映了客观世界的本质及其运动、变化、发展的规律，正确地反映了人类社会发展变化的规律——生产力和生产关系的矛盾运动规律。马克思主义政治经济学正是在这样的哲学基础上，通过研究资本主义社会生产力和生产关系、经济基础和上层建筑的矛盾运动，揭示了资本主义必然灭亡、社会主义必然胜利的发展趋势。此外，马克思还通过对资本主义再生产过程的研究，揭示了许多资本主义经济运动的规律。比如，价值规律、供求规律、竞争规律、货币的流通规律、剩余价值规律、资本积累的一般规律、平均利润率下降的规律等。这些经济规律对今天的市场经济主体都有明显的指导作用。因而，马克思主义政治经济学具有显著的科学性特征。

（四）《资本论》的意义

1.《资本论》是马克思主义政治经济学的经典著作

恩格斯在论述马克思主义的共产主义学说时说："以往的社会主义固然批判了现存的资本主义生产方式及其后果，但是，它不能说明这个生产方式，因而也就制服不了这个生产方式；它只能简单地把它当作坏东西抛弃掉。它越是激烈地反对同这种生产方式密不可分的对工人阶级的剥削，就越是不能明白指出，这种剥削是怎么回事，它是怎样产生的。但是问题在于：一方面应当说明资本主义生产方式的历史联系和它在一定历史时期存在的必然性，从而说明它灭亡的必然性，另一方面揭露这种生产方式一直还隐蔽着的内在性质。这已经由于剩余价值的发现而完成了。"

这表明，推翻资本主义的统治，实现向共产主义的转变，不能单纯依靠揭露资本主义剥削的残酷和阶级压迫的日益加深；也不能靠揭示它如何不公平、不

道德。因为一个经济制度存在这些弊端不能证明它必须被打倒，你说的美好的未来社会也没有可信的论据证明它必然会实现，劳动群众也不会为这个虚幻的"美好理想"去拼死奋斗。这样，共产主义就只能停留在无助的口头宣教上，丝毫动摇不了资产阶级的统治，它完全可以用强制的或欺骗的手段消除这种宣教对它的统治的威胁。

因此，为了变革资本主义生产方式，必须了解它，如恩格斯所指出的，要说明资本主义剥削是怎么回事，它为什么会产生，它产生的必然性和历史作用是什么，随着它推动生产力的发展和内在矛盾的展开，它为什么必然会灭亡，并被新的生产方式替代，替代它的新的生产方式基本是怎样的。此外，还必须说明实践消灭资本主义生产方式和建设新的生产方式的社会力量，即阶级力量在哪里。

只有阐明了这些，人们才会相信这一理论，并团结起来，为它的实现而奋斗；只有阐明了这些，才能成为工人阶级和劳动人民对共产主义的信仰和信念。理论一旦被群众所掌握，就变为物质的力量，共产主义理想才能从空洞的口头宣教，变为实践的纲领，从科学理论变为人们的革命行动，才能做到如恩格斯所说的"制服"资本主义生产方式。

科学地分析资本主义生产方式这个任务，是马克思在他的主要著作《资本论》中完成的；对资本主义制度理解的核心问题是剩余价值理论，这个理论也是在《资本论》中完成的。恩格斯指出："这个问题的解决是马克思著作的划时代的功绩。它使明亮的阳光照进了经济学领域，而在这个领域中，从前社会主义者像资产阶级经济学家一样曾在深沉的黑暗中摸索。科学的社会主义就是以此为起点，以此为中心发展起来的。"

《资本论》继承了英国古典经济学的科学体系，明确地把资本主义生产方式和生产关系作为研究对象，揭示了资本主义社会的经济运动规律。资本主义制度中商品生产是占支配地位的生产形式，但是，商品关系又掩盖着资本主义生产关系的本质。因此，在分析资本主义生产关系的本质前，必须先揭示一般商品关系的特征。为此，马克思继承并从根本上改造了古典经济学的劳动价值理论，揭示了价值一般作为一种特殊生产关系的本质特征。

《资本论》在科学地阐明了一般商品价值关系之后，在这个基础上，马克思进一步分析了价值生产到剩余价值生产的转变，这实际上就是揭示社会是怎样从一般商品价值关系转变为资本主义生产关系的。马

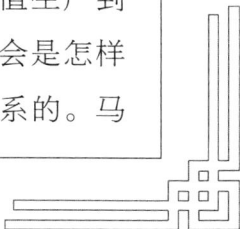

克思在劳动力商品这个经济范畴上，阐明了资本主义所有制关系的本质，这就是少数人垄断占有了生产资料，而劳动者失去了一切生产资料，从而只能将本人的劳动力作为商品卖给生产资料所有者，这种所有制关系就产生了剩余价值的生产过程。

雇佣工人在生产过程中，用一部分时间创造出本身劳动力的价值，而资本家强迫工人做更长的劳动时间，即剩余劳动时间，在这个时间里，工人创造出了超过本人劳动力价值以上的价值，即剩余价值。马克思的剩余价值理论，揭示了资本主义剥削的秘密。剩余价值理论的创立是《资本论》这本著作的划时代的功绩。因为剩余价值的生产是资本主义经济制度这座社会大厦的最深层的根基，整个大厦就是在它的基础上建立起来的。剩余价值生产是资本主义生产关系体系的内核，它的整个结构都是由这个核心生长出来的。有了价值理论和剩余价值理论，也就为揭示资本主义经济制度的内在结构和经济运动规律奠定了坚实基础。

剩余价值生产的分析，揭示了资本主义生产的本质，在这里，剩余价值是生产的根本目的和决定性动机，也同时揭示了资本主义社会的基本分配关系：工人获得本人劳动力的价值，而剩余劳动时间创造的剩余价值归资本家无偿占有。在这个基础上，也揭示了资本主义社会中的基本阶级关系，资产阶级和雇佣劳动者阶级，以及两大阶级之间的对立。

马克思、恩格斯毕生追求全人类的解放，实现每一个个人得到全面而自由的发展这一崇高目标。但他们不同于一切其他形形色色派别的社会主义者的地方在于，他们把它看成是历史发展的自然规律的结果，把资本主义生产方式看作是人类社会历史发展的一个必经的阶段。

马克思、恩格斯从科学理论出发，深刻地认识到共产主义制度和人的彻底解放，只能是生产力发展的自然结果；而不是靠宣扬人性、人的本质复归和人道主义实现这种道德说教和动员所能达到的。基于这种理论，导致他们对资本主义制度的历史作用有了新的看法，作为推动社会生产力发展的资本主义制度，就被看作是一般国家社会历史发展不可逾越的阶段，当然，有的国家的历史发展会有特殊性。不能简单地把资本主义看作是一种异化制度，看作是不合理、不公平、不道德的制度把它扔掉，应当研究肯定它存在的合规律性。恩格斯说："现代社会主义力图实现的变革，简言之就是无产阶级战胜资产阶级，以及通过消灭一切阶级差别来建立新的社会组织。为此不但需要

有能实现这个变革的无产阶级，而且还需要有使社会生产力发展到能够彻底消灭阶级差别的资产阶级……生产力只有在资产阶级手中才达到了这样的发展程度。可见，就是从这一方面说来，资产阶级正如无产阶级本身一样，也是社会主义革命的一个必要的先决条件。"

恩格斯阐述了马克思在《资本论》中贯穿的这一思想，他说："正像马克思尖锐地着重指出资本主义生产的各个坏的方面一样，同时他也明白地证明这一社会形式是社会生产力发展到这样高度的水平所必需的；在这个水平上，社会全体成员的平等的、合乎人的尊严的发展，才有可能。要达到这一点，以前的一切社会形式都太薄弱了。资本主义的生产才第一次创造出为达到这一点所必需的财富和生产力。"根据科学的历史观，马克思对资本家追求剩余价值的无止境的欲望给予了历史评价。马克思说：资本主义的伟大的历史方面就是创造这种剩余劳动，即迫使工人在必要劳动时间之上从事剩余劳动。在《资本论》中他写道："资本家只有作为人格化的资本，他才有历史的价值。"才有"历史存在权"，"作为价值增殖的狂热追求者，他肆无忌惮地迫使人类去为生产而生产，从而去发展社会生产力，去创造生产的物质条件；而只有这样的条件，才能为一个更高级的、以每一个个人的全面而自由的发展为基本原则的社会形式建立现实基础。只有作为资本的人格化，资本家才受到尊敬"。

依据这一科学理论，可以看出一些空想社会主义者把剩余价值的无偿占有说成是不公平的、不合理的，这类议论不过是一种道义谴责，而不是历史的评价，这对于科学的认识和制伏资本主义、实现共产主义没有什么积极意义。

马克思还揭示了资本主义剥削与以往剥削制度的区别：它不是单纯地强制剥取劳动者的剩余劳动，而是组织雇佣工人去创造剩余价值，所以与以往剥削制度比较起来，更有利于推动劳动生产力的提高。在《资本论》第一版序言中，马克思明确指出："本书的最终目的就是揭示现代社会的经济运动规律。"

在三卷《资本论》中，马克思深刻地揭示了资本主义经济制度的内在结构和一系列经济运动规律，揭示了价值规律，剩余价值生产规律，资本主义积累的绝对的一般的规律，即财富在资产者一边积累，贫困在无产者一边积累，从而阐明了资本主义制度内两大阶级的根本对立的客观基础，无产阶级反对资产阶级斗争的必然性；揭示了资本流通过程中的一些规律，揭示了社会总资本的再生产和流通正常进行的条件，

即各个部门之间必须建立必要的比例的规律，和通过货币流通来实现这一比例关系所引发的矛盾。在第三卷中，通过分析剩余价值转化为利润和利润转化为平均利润，特别是对平均利润率趋向下降的规律的考察，揭示了资本主义生产无限扩大的趋势和由于无产者贫困造成的消费基础的相对狭小的对抗性矛盾，从而揭示了生产过剩危机周期性爆发的必然性，社会生产力周期地遭到巨大破坏；最后得出了资本主义生产方式是一种历史过渡性的社会形态，它必将被能根除上述矛盾的新的生产方式所代替。这样，人们就对资本主义社会的内部结构和它的类似自然规律的运动规律，以及发展趋势有了清晰的了解。使人们清楚地看到了资本主义生产方式的必然的一天甚于一天的崩溃的现实。理解了它，也就知道如何对付它，由此也就能找到变革它的现实途径，也能确定实现变革的可依靠的社会力量。

在《资本论》中，马克思把革命性与科学性有机地结合起来，把革命性建立在科学性的基础上，这就使无产阶级的阶级斗争有了明确的方向和取得胜利的信心，使社会主义革命有了坚实的理论基础，形成了革命阶级的坚定的理想信仰，自愿地为其实现终身奋斗。

2.《资本论》是最重要的历史唯物主义著作

《资本论》在马克思的历史唯物主义理论中处于极重要地位，这体现在这部著作第一版序言中以下的一段话："我的观点是把经济的社会形态的发展理解为一种自然史的过程。"列宁强调指出：这一论断是《资本论》的基本思想，同样也是唯物史观的基本思想。历史唯物主义揭示人类社会运动演变的基本规律，即生产力与生产关系这一社会基本矛盾的辩证运动规律，它推动着社会从低级到高级的合规律的发展。历史唯物主义的这一基本方法论在开始时可能还被看作是一种假设，只有在它的指导下对一定的社会形态做出科学的分析，揭示了该社会的内在经济结构和它的经济运动规律，才可以说得到了论证。《资本论》是在历史唯物主义方法的指导下创立的政治经济学理论体系，科学的政治经济学体系的创建，使唯物主义历史观不再是研究人类历史发展规律的假设，而是科学证明了的原理。在这个意义上，可以说《资本论》不仅是政治经济学的最重要的著作，也是历史唯物主义的最重要的著作。

与以往谈论一般社会不同，马克思提出了经济的社会形态的概念，认为抽象的一般社会在人类历史中是不存在的。因为不存在抽象的人。单独的个人是不

能生存的，个人只有与其他的个人通过一定的形式结合起来，结成社会，才能生存和发展。所以，现实的社会都是建立在一定的社会关系基础上的社会，不同的社会关系就形成一定的社会形态。从人们相互结合的社会关系上观察，就可以看出存在着不同的社会形态，这些不同的社会形态就是人类社会的现实存在形式。

在现实的错综复杂的关系中，马克思认为，其中物质生产方面的关系是其他社会关系的基础。对物质生产关系的研究属于政治经济学这门科学的对象。这正是为什么马克思把最大的精力用在研究政治经济学上的原因。正是对它的广泛深刻的研究和对现实中的社会经济关系总和的探讨，使得马克思创立了他的历史唯物主义理论。也正因为如此，历史唯物主义的理论体系也融入《资本论》这部政治经济学著作中。

唯物主义历史观的革命意义在于：在说明人类社会的运动时，它否定了把抽象的人或自然人作为决定历史发展的核心，而是把一定的社会关系作为推动历史发展的核心力量。马克思得出这个基本思想所用的方法，就是从社会生活的各种领域中划分出经济领域，从一切社会关系中划分出生产关系，即决定其余一切关系的基本的原始的关系。

一些人由于没有经济的社会形态概念，没有社会生产关系概念，只去追求对一般社会的理解，所以他必然只能依靠用追求人的本性的实现来解释社会历史的运动，把自己的研究任务规定为探寻"使人的本性得到满足的社会"。针对这一点，必须突出《资本论》关于社会运动规律是自然规律的观点。把社会经济运动规律确认为是自然规律，这就表明社会经济的运动不是人们按照符合人的本性设立的理想状态去行动的过程，而是不以人们的意识和意图为转移的客观发展过程。之所以称作自然规律，正如马克思所说，它是像自然界的运动规律那样"可以用自然科学的精确性指明的变革"。他在讲到价值规律时说，这个经济运动规律"像房屋倒在人的头上时重力定律强制地为自己开辟道路一样"。马克思在《资本论》序言中为自己规定的任务就是"本书的最终目的就是揭示现代社会的经济运动规律"。

《资本论》对资本主义生产方式的大量发展材料做了深入的考察和分析，揭示出一系列资本主义社会的活动规律。很明显，马克思的揭示现代社会经济运动的自然规律的思想，与那些说"社会学的根本任务是阐明那些使人的本性的这种或那种需要得到满足的社会条件"的观念是根本对立的，体现两种不同的世

界观和历史观。把人类社会历史的发展看作自然规律和自然史的过程这一基本思想是怎样确定的呢？列宁对此做了经典的概括，他说："由于只有把社会关系归结于生产关系，把生产关系归结于生产力的水平，才能有可靠的根据把社会形态的发展看作自然历史过程。不言而喻，没有这种观点，也就没有社会科学。"列宁深刻地阐述了马克思的"自然史过程"观点，并深刻指出马克思这一唯物史观的科学意义，可与达尔文的物种起源说相媲美。达尔文推翻了那种把动植物物种看作是"神造的"、不变的东西，探明了物种的变异性和承续性，第一次把生物学放在完全科学的基础之上；同样，马克思在关于人类社会历史发展上，则是推翻了那种把社会看作可按长官意志随便改变的、完全由偶然性支配的观点，"探明了作为一定生产关系总和的社会经济形态这个概念，探明了这种形态的发展是自然历史过程，从而第一次把社会学放在科学的基础上"。

《资本论》在唯物主义历史观这一科学的方法论的确立中，处于极端重要的地位。因为马克思正是在历史唯物主义的指导下考察了资本主义生产方式的运动和发展，揭示了资本主义社会的经济结构，并井然有序地对这一经济结构及其运动规律做了科学的叙述和生动的描绘，把它一目了然地展示在人们眼前。既然运用唯物主义去分析说明一种社会形态取得了这样辉煌的成果，那么，十分自然，历史唯物主义已不再是什么假设，而是经过检验的理论了；列宁做出了一个精辟的概括："自从《资本论》问世以来，唯物主义历史观已经不是假设，而是科学地证明了的原理。"

依据社会发展是一种自然史过程理论，马克思提出了对个人和阶级的新看法。他说："不管个人在主观上怎样超脱各种关系，他在社会意义上总是这些关系的产物。同其他任何观点比起来，我的观点是更不能要个人对这些关系负责的。"因为，既然是一种自然史过程，那么一定的社会关系都是像自然规律一样有它存在的根据，都在历史发展环节中是必要的不能跳过的。从而在这种关系中的个人或阶级，都是由这种关系发展所必需的职能担当者，不是个人选择的结果。

综上所述，可以看出，从马克思主义理论发展的角度看，历史唯物主义理论从假设发展为被证明了的原理，与社会主义发展为真正科学的社会主义，是同步的过程。这两个过程，都是在《资本论》中完成的。关键在于剩余价值的发现和剩余价值生产运动规律的阐明。恩格斯说："科学社会主义就是以此为起

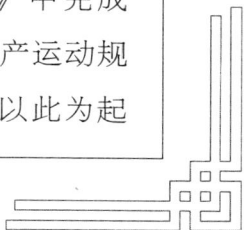

点，以此为中心发展起来的。"因此，恩格斯把《资本论》称作社会主义著作。

3.《资本论》是科学社会主义学说的主要的基本的著作

当前理论界有一个相当突出的现象，一些人同某些西方马克思主义者联手特别推崇的马克思的早期著作《1844 年经济学哲学手稿》（以下简称《手稿》）。《手稿》是在马克思对德国古典哲学进行了初步批判后，加紧研究了资产阶级政治经济学和资本主义经济制度之后，所写的一部重要著作。它表明：马克思的唯物主义世界观已经形成，并在此基础上对资本主义经济关系做了深刻的揭露，并由此建立起自己的共产主义世界观。但是，这里的唯物主义还不是历史唯物主义，这里的政治经济学和共产主义，也不是科学的。或者说，正在成为科学的过程中。

在《手稿》中，马克思用德国古典哲学广泛使用的异化概念，来研究资本主义私有制下的一系列经济关系。他还谈论抽象的人的本质，认为人的本质是劳动，因而，异化劳动成为分析资本主义一系列范畴的工具。

《手稿》中的"异化劳动"有四层含义：前三层是讲，工人的劳动产品不属于工人自己，而属于非劳动者，工人反而受自己劳动成果的支配；工人的劳动也不属于自己，反而成为反对自身的活动；工人与资本家关系的对立。最后一层是讲，这些都是人的本质的自我异化。前三层是要揭示资本主义制度现象层面的事实，最后一点是试图揭示上述现象的本质。"异化劳动现象"，当然是资本主义经济制度的典型状态。

所谓"异化"，在黑格尔那里，包含着一种不合理的含义。在《手稿》中，马克思就指出："在这里应把外在性理解为外化，理解为不应有的缺点、缺陷。"马克思用"异化"概念揭露了资本主义各种不人道的现象，实际上就是对资本主义关系采取了根本否定的态度，并在此基础上建立了他的人道主义的共产主义观。但是，它的理论的不成熟性也表现在这里。

首先，《手稿》中，人的本质、类本质的规定还停留在抽象的人的含义中。马克思在《手稿》中说："人的类特性恰恰就是自由的有意识的活动"，"有意识的生命活动把人同动物的生命活动直接区别开来。正是由于这一点，人才是类存在物"。这一概括显然是不科学的。在马克思研究了大量的政治经济学著作的基础上，深刻理解了物质生活的生产对人类存在的决定作用后，就把人类与动物的区别，不再与人的意

识相联系，而是与物质生产联系起来。马克思说："可以根据意识、宗教或随便别的什么来区别人和动物。一当人开始生产自己的生活资料的时候，这一步是由他们的肉体组织所决定的，人本身就开始把自己和动物区别开来。人们生产自己的生活资料，同时间接地生产着自己的物质生活本身"，他还更明确地说："这些个人把自己和动物区别开来的第一个历史行动不在于他们有思想，而在于他们开始生产自己的生活资料。"这表明马克思已经在用历史唯物主义方法批判自己过去的看法。

在《手稿》中对共产主义的看法也是唯心史观性质的，马克思把它看作人的本质异化的复归，而不是看作人类社会历史发展的必然产物。他说，"共产主义是私有财产即人的自我异化的积极扬弃。因而是通过人并且为了人而对人的本质的真正占有；因此，它是人向自身、向社会的（即人的）复归"。我们应当看到，马克思很快就从用德国古典哲学的"异化"概念来论证历史规律的谬误中摆脱出来。写作《手稿》后不久，在他与恩格斯合著的《德意志意识形态》中，就完全修正了他的看法，把自己的共产主义思想，置于科学的历史唯物主义理论基础之上了。

马克思在 1845 年春写作的《关于费尔巴哈的提

纲》中，断然指出：人的本质"在其现实性上，它是一切社会关系的总和"。这就排除了仅仅进行抽象的人的研究，而把现实的人看作是出发点，并且是由一定的社会关系产生的。这就与《手稿》划清了界限。只抽象地谈人的本质，不能说明任何现实的人，也不能说明任何现实的社会，更不能说明历史的发展及其规律了。因此说，抽象的人的议论是没有实际意义的，只能使思想流于空泛，或者成为各种历史唯心主义的栖息地、避难所。

恩格斯在《费尔巴哈论》1888 年单行本序言中指出，他与马克思共同制定的唯物主义历史观，"实际上是把我们从前的哲学信仰清算一下"。"我感到越来越有必要把我们同黑格尔哲学的关系，我们怎样从这一哲学出发，又怎样同它脱离，作一个简要而又系统的阐述。"马克思、恩格斯刚刚确立了历史唯物主义，就对用抽象的人说明历史的观点，进行了严厉的批判。他们在《德意志意识形态》中，明确写道："哲学家们在不再屈从于分工的个人身上看到了他们名之为'人'的那种理想，他们把我们所阐述的整个发展过程看作是'人'的发展过程，从而把'人'强加于迄今每一历史阶段中所存在的个人，并把他描述成历史的动力。这样，整个历史过程被看成是'人'

的自我异化过程……由于这种本末倒置的做法，即一开始就撇开现实条件，所以就可以把整个历史变成意识的发展过程了。"

这里阐明的是：人的历史，也是社会的历史，不是人的本质自我异化和扬弃异化的历史，不是人的意识所能决定的过程；而是表现为物质生产的自然规律。正是在关于社会历史发展是一个像自然规律一样可以准确把握的过程这样的思想指导下，马克思把《资本论》写作的目的规定为"揭示现代社会的经济运动规律"，也就是揭示资本主义社会的经济运动规律。这个思想实际上就否定了他在《手稿》中，用异化概念来阐释资本主义各种关系，把社会的发展看作是人的自我异化及其消除的观点；主张经济发展的规律就像自然规律一样，可以精确把握。

既然是一个自然规律过程，马克思实际上也就否定了把资本主义制度看作是"人的本质的异化"的社会制度，把雇佣劳动视作"异化劳动"，而是把它看作人类发展必经的一个历史阶段。不经过这个阶段，就不可能进入一个新的更高阶段。正因为如此，在《德意志意识形态》和以后的著作中，"异化劳动"概念就完全不再使用。在以后的著作中，虽然有时也用"异化"这个词语，但只是当作资本主义制度存在对立关系这种特征的描述，不再把它看为是人的本质的异化。

正是在这种历史观和方法论的指导下，马克思在《资本论》中对资本主义经济运动规律的揭示是从正、反两个方面进行的：从正面的考察分析，就是肯定在资本主义所有制基础上发生的经济规律有力地推动了社会生产力的发展，极大地促进了历史的进步；同时，从反面表述了它必然灭亡的规律，论证了资本主义生产方式在推动生产力发展的同时，使社会矛盾趋于尖锐化，阻碍生产力进一步发展的趋势日益增长，创造着使它自己不可能再存在下去的条件，使其处于逐渐灭亡的境地。恩格斯特别阐明了这一思想："正像马克思尖锐地着重指出资本主义生产的各个坏的方面一样，同时他也明白地证明这一社会形式是社会生产力发展到这样高度的水平所必要的；在这个水平上，社会全体成员的平等的、合乎人的尊严的发展，才有可能。要达到这一点，以前的一切社会形式都太薄弱了。资本主义的生产才第一次创造出为达到这一点所必需的财富的生产力。"

在《资本论》中，马克思考察了整个资本主义生产方式，始终认为这个制度的发展，为实现每一个个人全面而自由的发展创造着物质技术基础。马克思、

恩格斯毕生追求全人类的解放和每一个个人自由全面发展这一崇高的奋斗目标，并坚信这是历史的自然规律决定的必然趋势。正是由于把社会发展看作是自然史的过程，这也就使得共产主义运动从构建一种新社会的幻想，转变为实实在在地探讨它真正得以实现的物质和社会条件。而这就是社会主义从空想到科学的进步过程。一些人把早期的马克思主要根源于德国古典哲学的共产主义思想，与后来的科学社会主义理论对立起来，用早期的思想贬斥后来的思想。好像马克思从重视"人"，倒退到不重视人或见物不见人了；似乎马克思讲了无产阶级反对资产阶级的阶级斗争，就从追求全人类解放，倒退到只追求无产阶级的解放了。这是对科学社会主义的巨大的误解。

对此，马克思说得很清楚，他说："从工人阶级运动成为现实运动的时刻起，各种幻想的乌托邦消逝了——这不是因为工人阶级放弃了这些乌托邦主义者所追求的目的，而是因为他们找到了实现这一目的的现实手段——取代乌托邦的，是对运动的历史条件的真正理解，以及工人阶级战斗组织的力量的日益积聚。但是，乌托邦主义者在前面宣布的运动的两个最后目的，也是巴黎革命和国际宣布的最后目的。只是手段不同，运动的现实条件也不再为乌托邦寓言的云雾所掩盖。"

唯物主义历史观的确立和马克思《资本论》中剩余价值理论的创立，使马克思、恩格斯对向共产主义发展的现实途径，认识得更加清楚。马克思、恩格斯最初是提出解放全人类，这个目标什么时候也没有放弃。但是，马克思、恩格斯越来越清楚地看到，实现这一点的现实途径。恩格斯曾阐述他在这方面思想的进步过程。写于 1844—1845 年的《英国工人阶级状况》中，恩格斯曾表述过这样一个论点：共产主义不是一种单纯的工人阶级的党派性学说，而是一种最终目的在于把连同资本家在内的整个社会，从现存关系的狭小范围中解放出来的理论。后来，他在这部著作 1892 年德文第二版序言中，自我批评说："这在抽象的意义上是正确的，然而在实践中在大多数情况下，不仅是无益的，甚至还要更坏。只要有产阶级不仅自己不感到有任何解放的需要，而且还全力反对工人阶级的自我解放，工人阶级就应当单独地准备和实现社会革命。"不然，就只能是自作多情的空话。正是在这种对现实运动的深刻理解的基础上，马克思、恩格斯把解放全人类，改为只能先解放无产阶级，提出了"全世界无产者联合起来"的口号。是现实的发展使

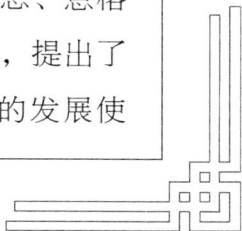

马克思改变了看法，不是马克思的主观偏好改变了口号，放弃了解放全人类的目标，只是表明了他用科学代替了幻想，用实践的唯物主义代替了空想社会主义。

二、资本主义的经济细胞——商品

（一）商品的价值、价值量与使用价值

1. 商品的价值

从字面上的意义而言，商品的价值是指一件商品所蕴含的价值。但在马克思的《资本论》中将这个概念加以深化讨论，他认为商品的价值是指凝结在商品中无差别的人类劳动，其在本质上体现为生产者之间一定的社会关系。无差别的人类劳动则以社会必要劳

动时间来衡量。

商品具有价值和使用价值,这是商品的二因素。商品的价值是凝结在商品中的无差别的人类劳动(包括体力劳动和脑力劳动)。使用价值是指某物对人的有用性(例如面包能填饱肚子,衣服能保暖)。过渡商品价值是过渡的商品的使用价值(比如自己生产出的衣服,但是不用来自己穿着保暖,而是卖给别人,获得一定的报酬,在这个卖的过程中,自己就过渡掉了使用价值,而占有价值)。价值和使用价值不能同时占有。对于买家来说是通过买的过程占有了使用价值,而卖家则是占有了价值。商品的价值在现实中,主要通过价格来体现。

2. 价值量

商品的价值量是商品价值的大小,通常是单位价值量。商品的价值量是由社会必要劳动时间决定的。在其他条件不变的情况下,商品的价值量越大,价格越高;商品的价值量越小,价格越低。若其他因素不变,单位商品的价值量与生产该商品的社会劳动生产率成反比。

3. 使用价值

使用价值指的是商品能够满足人们某种需要的属

性，也就是物品的有用性。使用价值是商品的自然属性，由物品的物理、化学、生物等属性决定。

（二）劳动力商品的买和卖

1. 劳动力商品与货币转化为资本

要转化为资本的货币的价值变化，不可能发生在这个货币本身上，因为货币作为购买手段和支付手段，只是实现它所购买或所支付的商品的价格，如果停滞在自己原来的形式上，它就凝固为价值量不变的货币了。同样，在流通的第二个行为即商品的再度出卖上，也不可能发生这种变化，因为这一行为只是使商品从自然形式再转化为货币形式。因此，这种变化必定发生在第一个行为 G—W 中所购买的商品上，但不是发生在这种商品的价值上，因为互相交换的是等价物，商品是按它的价值支付的。因此，这种变化只能从这种商品的使用价值本身，即从这种商品的消费中产生。要从商品的消费中取得价值，货币占有者就必须在流通领域内发现这样一种商品，它的使用价

值本身具有成为价值源泉的独特属性，因此，它的实际消费本身就是劳动的对象化，从而是价值的创造。货币占有者在市场上找到了这种独特的商品，这就是劳动力。

2. 劳动力成为商品的前提条件

劳动力或劳动能力，指的是一个人的身体即活的人体中存在的、每当他生产某种使用价值时就运用的体力和智力的总和。

劳动力成为商品的前提条件有以下几个方面：

首先，货币占有者要在市场上找到作为商品的劳动力，必须具备各种条件。商品交换本身除了包含由它自己的性质所产生的从属关系以外，不包含任何其他从属关系。在这种前提下，第一，劳动力只有而且只是因为被它自己的占有者即有劳动力的人当作商品出售或出卖，才能作为商品出现在市场上。第二，劳动力占有者要把劳动力当作商品出卖，他就必须能够支配它，从而必须是自己的劳动能力、自己人身的自由所有者。第三，劳动力占有者和货币占有者在市场上相遇，彼此作为身份平等的商品占有者发生关系，所不同的只是一个是买者，一个是卖者，因此双方是在法律上平等的人。第四，这种关系要保持下去，劳动力所有者就必须始终把劳动力只出卖一定时间，因为一旦把劳动力一下子全部卖光，他就出卖了自己，就从自由人转化为奴隶，从商品占有者转化为商品。第五，他作为人，必须总是把自己的劳动力当作自己的财产，从而当作自己的商品。而要做到这一点，他必须始终让买者只是在一定期限内暂时支配他的劳动力，消费他的劳动力，就是说，他在让渡自己的劳动力时不放弃自己对它的所有权。

其次，劳动力占有者没有可能出卖有自己的劳动对象化在其中的商品，而不得不把只存在于他的活的身体中的劳动力本身当作商品出卖。

一个人要出卖与他的劳动力不同的商品，第一，他自然必须占有生产资料，如原料、劳动工具等。第二，他还需要有生活资料。因为，人每天都要消费，不管在他开始生产以前和在生产期间都是一样，而任何人都不能靠未来的产品生活，也不能靠尚未生产好的使用价值生活。第三，他除了有生产时间外，还要有出售所需要的时间。因为，如果产品是作为商品生产的，在它生产出来以后就必须卖掉，而且只有在卖掉以后，它才能满足生产者的需要。

3. 劳动力商品的价值

（1）劳动力价值的基本构成

同其他一切商品一样，劳动力也具有价值。

第一，劳动力只是作为活的个人的能力而存在。因此，劳动力的生产要以活的个人的存在为前提。假设个人已经存在，劳动力的生产就是这个个人本身的再生产或维持。活的个人要维持自己，需要有一定量的生活资料。因此，生产劳动力所必要的劳动时间，可以归结为生产这些生活资料所必要的劳动时间，或者说，劳动力的价值，就是维持劳动力占有者所必要的生活资料的价值。

但是，劳动力只有表现出来才能实现，只有在劳动中才能发挥出来。而劳动力的发挥即劳动，耗费人一定量的肌肉、神经、脑细胞等，这些消耗必须重新得到补偿。支出增多，收入也得增多。劳动力所有者今天进行了劳动，他必须明天也能够在同样的精力和健康条件下重复同样的过程。因此，生活资料的总和应当足以使劳动者个人能够在正常生活状况下维持自己。

由于一个国家的气候和其他自然特点不同，食物、衣服、取暖、居住等自然需要本身也就不同。另一方面，所谓必不可少的需要的范围，和满足这些需要的方式一样，本身是历史的产物，因此多半取决于一个国家的文化水平，其中主要取决于自由工人阶级是在什么条件下形成的，从而它有哪些习惯和生活要求。因此，和其他商品不同，劳动力的价值规定包含着一个历史的和道德的因素。但是，在一定的国家，在一定的时期，必要生活资料的平均范围是一定的。

第二，劳动力所有者是会死的，但劳动力不断出现在市场上，则是货币不断转化为资本的前提。因此，劳动力的卖者必须能够依靠繁殖使自己的种族永远延续下去，因损耗和死亡而退出市场的劳动力，至少要不断由同样数目的新劳动力来补充。这样，生产劳动力所必要的生活资料的总和，包括工人的补充者即工人子女的生活资料。

第三，为改变一般人的本性，使它获得一定劳动部门的技能和技巧，成为发达的和专门的劳动力，就要有一定的教育或训练，而这就得花费或多或少的商品等价物。劳动力的教育费用随着劳动力性质的复杂程度而不同。因此，这种教育费——对于普通劳动力来说是微乎其微的——包括在生产劳动力所耗费的价值总和中。

（2）劳动力价值的最低限度

劳动力的价值可以归结为一定量生活资料的价

值。因此，它也随着这些生活资料的价值即生产这些生活资料所需要的劳动时间量的改变而改变。

一部分生活资料，如食品、燃料等，每天都有新的消耗，因而每天都必须有新的补充。另一些生活资料，如衣服、家具等，可以使用较长的时期，因而只是经过较长的时期才需要补充。有些商品要每天购买或支付，有些商品要每星期购买或支付，还有些商品要每季度购买或支付，如此等等。但不管这些支出的总和在一定时期例如一年当中怎样分配，都必须由每天的平均收入来补偿。

假如生产劳动力每天所需要的商品量＝A，每星期所需要的商品量＝B，每季度所需要的商品量＝C，其他等等，那么这些商品每天的平均需要量＝(365A＋52B＋4C＋其他等等)／365。假定平均每天所需要的这个商品量包含 6 小时社会劳动，那么每天对象化在劳动力中的就是半天的社会平均劳动，或者说，每天生产劳动力所需要的是半个工作日。每天生产劳动力所需要的这个劳动量，构成劳动力的日价值，或每天再生产出的劳动力的价值。假定半天的社会平均劳动又表现为 3 先令或 1 塔勒的金量，那么 1 塔勒就是相当于劳动力日价值的价格。

劳动力价值的最低限度或最小限度，是劳动力的承担者即人每天得不到就不能更新他的生命过程的那个商品量的价值，也就是维持身体所必不可少的生活资料的价值。假如劳动力的价格降到这个最低限度，那就降到劳动力的价值以下，因为这样一来，劳动力就只能在萎缩的状态下维持和发挥。但是，每种商品的价值都是由提供标准质量的该种商品所需要的劳动时间决定的。

（3）劳动力价值实现的特点

劳动能力离不开维持劳动能力所必要的生活资料，生活资料的价值正是表现在劳动能力的价值上。但是，劳动能力不卖出去，工人就不仅不能劳动，而且会感到一种残酷的自然必然性：他的劳动能力的生产曾需要一定量的生存资料，它的再生产又不断地需要一定量的生存资料。

劳动力这种独特商品的特性，使劳动力的使用价值在买者和卖者缔结契约时还没有在实际上转到买者手中。和其他任何商品的价值一样，它的价值在它进入流通以前就已确定，因为在劳动力的生产上已经耗费了一定量的社会劳动，但它的使用价值只是在以后的力的表现中才实现。因此，力的让渡和力的实际表现即力作为使用价值的存在，在时间上是互相分开的。但是，对于这类先通过出售而在形式上让渡使用

价值、后在实际上向买者转让使用价值的商品来说，买者的货币通常执行支付手段的职能。

在资本主义生产方式占统治地位的一切国家里，给劳动力支付报酬，是在它按购买契约所规定的时间发挥作用以后，例如在每周的周末。因此，到处都是工人把劳动力的使用价值预付给资本家；工人在得到买者支付他的劳动力价格以前，就让买者消费他的劳动力，因此，到处都是工人给资本家以信贷。但是，无论货币执行购买手段还是支付手段的职能，商品交换本身的性质并不因此发生变化。劳动力的价格已由契约确定下来，虽然它要在以后才实现。劳动力已经卖出，虽然报酬要在以后才得到。但是，为了在纯粹的形式上理解这种关系，我们暂且假定，劳动力占有者每次出卖劳动力时就立即得到了契约所规定的价格。

4. 劳动力商品的使用价值

（1）劳动力商品与剩余价值生产

货币占有者在交换中得到的使用价值，在劳动力的实际使用即消费过程中才表现出来。劳动力的消费过程，同时就是商品和剩余价值的生产过程。劳动力的消费，像任何其他商品的消费一样，是在市场以外，或者说在流通领域以外进行的，也即是在生产中进行的。因此，只要进入生产场所，就不仅可以看到资本是怎样进行生产的，还可以看到资本本身是怎样被生产出来的。价值增殖的秘密最后一定会暴露出来。

（2）劳动力买卖和使用的本质区别

在劳动力买卖的流通领域或商品交换领域，占统治地位的只是天赋人权，只是自由、平等、所有权和边沁。自由：因为商品例如劳动力的买者和卖者，只取决于自己的自由意志。他们是作为自由的、在法律上平等的人缔结契约的。契约是他们的意志借以得到共同的法律表现的最后结果。平等：因为他们彼此只是作为商品占有者发生关系，用等价物交换等价物。所有权：因为每一个人都只支配自己的东西。边沁：因为双方都只顾自己。使他们连在一起并发生关系的唯一力量，是他们的利己心、特殊利益和私人利益。正因为人人只顾自己而不管别人，所以都是在事物的前定和谐下完成着互惠互利、共同有益、全体有利的事业。但是，一离开这个领域，一切都会发生本质的变化，原来的货币占有者成了资本家，劳动力占有者则成了他的雇佣工人。

（3）商品劳动的二重性

商品的二因素是由生产商品的劳动二重性决定

的。劳动的二重性指具体劳动和抽象劳动。

具体劳动是生产不同使用价值的不同性质和不同形式的劳动。反映的是人与自然之间的关系。抽象劳动则是指撇开劳动的具体形式的无差别的一般人类劳动，体现着商品生产者之间的经济关系，是劳动的社会属性，它是形成价值的实体。

生产商品的具体劳动与抽象劳动的关系是：一方面二者是统一的。商品生产者在进行具体劳动的同时，也就支出了抽象劳动，二者不是两种独立存在的劳动或两次劳动，无论在时间上还是空间上都是不可分割的，是同一劳动过程的两个方面。另一方面，具体劳动与抽象劳动又是不同的，矛盾的。具体劳动反映的是人与自然的关系，是劳动的永恒属性，是一切社会形态都存在的永恒范畴；抽象劳动反映的是社会生产关系，是劳动的社会属性，它在发达的商品经济中表现得更充分，因而是历史范畴。

三、"万能的灵物"——货币

　　货币是商品交换的媒介，是商品生产发展的必然产物。货币的本质是固定地充当一般等价物的商品。

　　最早的人类社会，只是指十几个乃至上百个人所组成的原始人群而已，这种社会的分配工作很简单，不需要分配工具。随着生产力的发展，由一个人群分裂或多个人群组合，形成多个氏族组成的部落。不同的氏族之间开始了初步的分工，有些氏族较多地从事采集业、有些氏族较多地从事狩猎业、有些氏族较多地从事捕鱼业，由于各氏族生产的产品种类有所不同，氏族之间就开始了产品交换。这种交换是在熟悉的相邻氏族之间一对一地进行的，而且产品种类也很少；所以通常会采用直接的物物交换的形式。产品交

换并不需要以产品过剩为前提，只要氏族之间存在产品种类的差异，为了实现自己氏族所没有或缺乏的产品效用，就存在产品交换的条件。吃惯了鱼的捕鱼业氏族会用鱼和采集业氏族交换坚果，而采集业氏族也会用坚果和狩猎业氏族交换兔子。那种把产品剩余作为交换的前提条件的理论是非常荒谬的，即使到了生产力已经高度发达的现代社会，又有多少剩余产品呢？产品交换的目的之一，是充分地实现产品的效用，也就是说，尽量使产品不那么过剩。所以，产品过剩不是存在交换的前提，相反，促使产品不过剩才是存在产品交换的前提。当人类进入新石器时代之后，农业和畜牧业出现了，开始了手工业和畜牧业的社会大分工。氏族之间的分工越来越多，也越来越细，产品种类也越来越丰富，以往那种一对一的分散进行交换形式就不能满足需要了。产品交换开始集中到某一个地点进行，形成一对多或多对多的交换。这样，交易市场就产生了。这时，直接的物物交换就显得非常不方便，因为交换的双方往往会产生错位。于是，人们发现先把产品与市场上供应量和需求量都很高的中间产品相交换，再用这种中间产品去交换目标产品，成功概率要大得多。这种间接的物物交换形式就普及开来。间接的物物交换形式仍然是很不方便的产品交换形式。首先，这种形式要求生产者与生产者直接交换，占用了生产者过多的劳动力和时间，成本太高，所以，这种形式通常是定期不定期的临时赶集的形式，在非赶集的时间，产品交换就比较困难。其次，采用交换中介物进行交换，由于相当一部分交换中介物并不是获得者的最终目标，势必使相当一部分交换中介物被储存起来以备下次交换，导致这部分产品暂时地甚至长期地退出交换和消费，这在生产力很低，几乎就没有产品剩余的原始社会里是一个很大的负担。随着生产力的发展，产品交换日益频繁，这种生产者之间直接交换的形式已经不能满足需要了，于是市场上出现了专门从事产品交换的中间人，这样就产生了商人和商业。货币就是随着商业的产生而迅速出现的。

（一）铸币的产生

最初的商品交换是以物易物，没有固定的货币，后来，随着冶炼技术的提高，一些手工锤制金币、银币、铜币产生了，铸造技术的进一步提高，就产生了

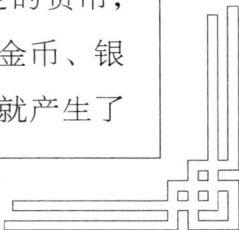

铸币。再后来随着工业技术的进一步提高,机制币就产生了。铸币的产生主要是依赖于冶炼和铸造技术的提高。

(二)纸币的产生和发展

假设我们所处的是原始社会的末期,那时产品的种类已有很多,商品交换已很普遍,但还没有货币,还处在物物交换阶段。物物交换非常麻烦,不一定一次就能交易成,有时需倒换几次才行,把货物带来带去很不方便,于是就有人开始动脑筋了。

这一天,有个织布匠叫张三的,想用一匹布换一口袋小麦吃,但他又不想把布扛到市场上去,或者是他没有现货,因此他就想了个法子,拿自己家特有的一样东西作信物到市场上去交换,或者在一片龟甲上刻上"一匹布"的字,并把龟甲砸成两半,拿其中的一半到市场上去交换。到了市场上,碰到个想拿小麦换布的,叫李四,他就要用那半片龟甲或那个信物换一口袋小麦。当然要跟李四讲明:"以后拿这半片龟甲(或这个信物)就可以到我家换一匹布。"李四肯定不愿意。所以这次交易能成功的条件有三个：
1. 这两个人必须相识，或有中人介绍；2. 李四知道
张三是个织布的，家境富有，确实能支付起一匹布；
3. 李四知道张三一贯很守信用。有了这三个条件，
这次交易才能成功。第一次明显要费不少口舌。当李
四把龟甲或信物拿回家后，到需要做衣服穿的时候，
他就可以拿着龟甲或信物到张三家去换布。如果他不
急需衣服穿，而是急需镰刀、锄头用，他就可以拿着
龟甲或信物到铁匠铺找朱五去换。当然朱五也不会同
意，所以这次能不能交易成功，也取决于朱五对张三
和李四的了解程度。同时，朱五还要到张三那去核
对，李四拿的龟甲或信物是不是他给的，能不能换一
匹布？当查证属实后，这次交易又成功了。后来，朱
五就拿着龟甲或信物到张三家里换了一匹布用，这一
轮交易就算完结了。张三把龟甲或信物收回后，可以
销毁，也可以保留起来，下次使用。往后，张三每次
交换都用龟甲或信物作替代，一次比一次好用。原来
他给雇工的报酬都是用实物支付的，这时也一律改用
信物或龟甲支付。工人拿着信物或龟甲，可以到张三
家去换东西，也可到市场上去换。什么时候需用什么
时候去，要多少换多少，格外方便、灵活。随着使用
次数增多，人们对它越来越熟悉，愿接受它的人也越

来越多。最后，不管是谁，不管他了解不了解张三，只要见到这样的信物或龟甲就给货。这时，这种信物或龟甲就可算作贷币了。再后来，又有几家大户跟着仿效，于是市场上就同时有几家的信物或龟甲在流通，又产生了新的不便——各家的不能通用。例如，有人拿杨六家的信物或龟甲到张三家去换布，张三不同意，这人没法，只得去找人兑换。为了解决这个麻烦，几家经过协商，各家的信物或龟甲可以通用，然后各家再交涉。再后来，经过发展，各家都采用了统一的信物或龟甲，上面不注明实物及数量，改成统一的单位，于是真正的货币就诞生了。接下来，随着对货币数量和质量要求的提高，又出现了专门制造货币的工厂。谁需要贷币，谁就到它那租借，用完后要悉数归还，并付租金，它就靠这个生活。这种情形一直持续到现在。

从货币的整个使用过程来看，货币的一生分为四个阶段，即：

制造—发行—流通—销毁或终止流通。

制造。货币在统一之前，都是各家制造各家的；统一之后，由专门的工厂制造。

发行。货币制造出来后，不能直接使用，需经过发行之后才能使用。货币不经过发行就使用，和假币没什么区别，可以把它列为假币。注意：这里说的货币的发行与我们现在通常说的货币的发行不同。我们现在通常说的货币发行是指货币被制造出来后，政府把它发到银行或者银行放贷，而这里的货币发行是指商品的主人赋予货币以商品的实质，用它代替商品进行交换或者用它来支付报酬、偿还债务等的行为。例如，织布匠张三指明信物或龟甲就代表一批布，用它来代替一批布进行商品交换，使信物或龟甲在市场上流通起来，这才叫发行货币。对于货币的发行，其中有几个要点：

1. 只有商品的主人才有货币的发行权。物物交换就是拿商品换商品，你一无所有就换不到别人的商品。货币参与交换，只是使交换更方便、更灵活，并没有破坏物物交换的这个原则，所以只有你手里有商品才能发行货币，你没有商品就没有资格发行货币。而且，从一开始张三发明货币的前提条件来看，如果他家里没有布作担保，别人肯定也不会接受他的货币。然而，要是真出现了没有商品而发行货币的情况，会造成什么结果呢？假设张三发行的信物或龟甲在市面上已使用得很顺利之后，他的织布坊倒闭了，家里的布也卖光了，但他仍然拿信物或龟甲去换东西，假使他换的还是李四的小麦。李四看信物或龟甲

很熟悉，而且他还不知道张三家里已无布，于是就很痛快地把小麦换给了张三，然后李四再到朱五那儿去换铁器。可是当朱五到张三家去换布的时候，张三只好闭门谢客，朱五也只好大骂一场而去。朱五为什么换不到东西？根源就在张三的欺诈。张三家的小麦是怎么来的，是交换来的吗？不是，是骗来的。所以，没有商品而发行货币，这种货币就是空头货币，它的介入，破坏了"一物换一物"的交换原则，纯粹是"空手道"式的掠夺行为。在货币统一之前，谁发行了空头货币，众人都可以直接找到他的头上，可是在货币统一之后，谁发行了空头货币，究竟是政府还是哪一个私人，就不好找了，所以这样的货币照样流通不误，但最后市场上必然要多余一批货币出来，引起货币贬值，甚至造成有人拿钱买不到东西，守着一大堆钱冻饿而死。既然没有商品就无权发行货币，那么显而易见，在私有制社会里，政府也无权发行货币。同样，银行也无权发行货币。银行只是货币的仓库，银行发放贷款是租借行为，贷款者将钱花出去才叫发行货币。如果政府和银行用刚制造出来还没经过私人发行的货币购物或发放工资，就和上面张三的行为一样，属于欺诈，要引起货币贬值。政府购物和发放工资只能用税，银行购物和发放工资只能用利息。

2. 在等价交换的前提下，全社会对货币的需要量至多为待售商品价值的一半，故不需每个商品的主人都发行货币。通常，谁急需购物谁发行货币，但是他要考虑他的商品是否畅销。

3. 对每一个货币发行者来说，他发行的货币量必须和他的待售商品量相当，也就是说，货币和商品之间一定要保持一一对应的关系。例如，在等价交换的前提下，某人有价值为 100 元的商品，他就只能发行 100 元的货币；他发行 100 元的货币，就必须有价值为 100 元的商品，或不久之后就能制造出来填补也可。

4. 流通、销毁或终止流通。当货币从发行者手里出去，在市场上流通一圈又回到发行者手里后，如果货币是他自己制造的，就要把它销毁或留作下次有了商品后再发行使用；如果是借贷来的，应将它归还。总之，该批货币已完成了使命，应终止其流通。

公有制社会里的货币和私有制社会里的货币，大体上相同，但略有下面三点区别：

1. 发行者不同。在公有制社会里，财富都被政府掌握，一无所有的是私人，故货币的发行权在政府手里，由政府发行，由政府收回。

2. 发行量不同。公有制社会实行的是供给制度，

MA KE SI ZHU YI JING JI XUE CHANG SHI

不是交换制度，故货币的发行量必须与待分配的消费品的价值量相等。发行量不合适，将造成币值不稳。

3. 作用不同。在私有制社会里，货币是交换的媒介，在私人与私人之间起作用；在公有制社会里，货币是供给的媒介，在政府与私人之间起作用。

（三）货币的职能

经济学中的货币，狭义地讲，是用作交换商品的标准物品；广义地讲，是用作交换媒介、价值尺度、支付手段、价值储藏的物品。具体地讲，货币具有交换媒介、价值标准、延期支付标准、价值储藏、世界货币等职能。

货币本质的具体表现形式。随着商品经济的发展而逐渐完备起来。在发达的商品经济中，它具有价值尺度、流通手段、储藏手段、支付手段和世界货币五种职能。其中最基本的职能是价值尺度和流通手段。

（四）货币的流通规律

货币流通规律也叫货币需要量规律，它是指一定时期内一个国家的商品流通过程中客观需要的货币量的规律。货币流通规律的内容是：流通中需要的货币量，与待实现的商品价格总额成正比，与同一单位货币的平均流通速度成反比。这里有关流通中的货币指金属货币，所以，它也被称为"金属货币流通规律"。在金属货币流通的情况下，由于金属货币具有储藏手段的职能，能够自发地调节流通中的货币量，使之同实际需要量相适应。因而不可能出现通货膨胀或通货紧缩。

货币作为商品流通媒介的不断运动即为货币流通，货币流通规律就是一定时期内商品流通中所需货币量的规律。

一定时期内商品流通中所需货币量与商品价格总额成正比，与同一单位货币的流通速度成反比，这是金属货币作为流通手段时的货币流通规律的内容。纸币的发行量以流通中所需要的金属货币量为限。当纸

币的发行量超过商品流通中所需要的金属货币量，引起纸币贬值、物价普遍上涨，就出现通货膨胀；相反，当纸币的发行量不能满足流通中所需要的金属货币量，则会导致纸币升值、物价普遍下跌，从而出现通货紧缩。在现代市场经济中，引起通货膨胀或通货紧缩还可以有其他多种因素（如成本、需求、产业和产品结构、体制等），但最基本的是货币供应量与货币需求量的对比关系。

通货膨胀和通货紧缩都会对经济发展和社会稳定造成严重危害。严重的通货膨胀会引起社会收入和国民财富的再分配，扰乱价格体系，扭曲资源配置，使整个社会经济生活出现混乱；严重的通货紧缩会使经济萎缩，失业增加，人民生活水平下降，引发社会问题和政治问题。遵循货币流通规律，防范和消除通货膨胀和通货紧缩，对促进经济健康发展，维护社会稳定，提高人民生活水平，具有十分重要的意义。

关于货币流通的规律，就一个国家在一定时期内需要多少货币而言，主要取决于：

商品交换规模。也就是一个时期内进行交换的商品价格总额，它是由两个因素决定的：商品的数量和各种商品价格的乘积。假如价格已定，流通的商品量越大，需要的货币量也越大。如果投入流通的商品量是已定的，那么流通中所需要的货币量就取决于商品的价格水平。价格越高，所需要的货币量也就越多。所以，流通中所需要的货币量总是与商品的价格总额成正比，也就是同商品数量和商品价格这两个因素的变化成正比。

货币流通速度，也就是同一货币在一定时期内转手的次数。流通中所需要的货币量与货币的流通速度成反比例：即货币的流通次数增加，流通中所需要的货币量就会减少；货币的流通次数减少，货币量就会增加。正是由于货币流通速度这一因素的作用，流通中实际所需要的货币量总是小于商品的价格总额。

因此，商品流通中的货币量与商品价格总额、货币流通速度之间的关系，可用公式表示如下：

商品价格总额／同一单位货币的平均流通次数＝商品流通中所需要的货币量

可以看出，根据马克思的货币流通规律，物价水平和社会商品可供量同流通中的货币必要量成正比；而货币流通速度同流通中的货币必要量成反比。

需要指出的是，马克思的货币流通规律是在金属货币流通的条件下提出的。在不兑现的纸币流通条件下，因纸币本身没有内在价值，过多的纸币也不会自动退出流通。因此，在社会商品可供量和货币流通速

度一定时，流通中的纸币数量倒决定了一般物价水平。

1. 决定货币流通量的因素

根据这一规律，商品流通中所需要的货币量取决于三个因素：

①参加流通的商品量；

②商品的价格水平；

③货币的流通速度。

但影响流通中货币量的这三个因素可以依不同方向、不同比例发生变化。因此，待实现的价格总额以及受价格总额制约的货币流通量，也可能有多种多样的组合。在商品价格不变时，由于流通的商品量增加，或者货币流通速度减慢，或者这两种情况同时发生，货币流通量就会增加。反之，由于商品量减少，或者货币流通速度加快，货币流通量就会减少。在商品价格普遍提高时，如果流通的商品量依相同比例减少或流通的商品量不变，而货币流通速度依相同比例增加，货币流通量就会不变。如果商品量的减少或货币流通速度的加快比价格的上涨更为迅速，货币流通量就会减少。在商品价格普遍下降时，如果商品量依相同的比例增加，或货币流通速度依相同的比例减慢，货币流通量仍会不变。如果商品量的增加或货币流通速度的减慢比商品价格的跌落更为迅速，货币流通量就会增加。

货币流通量取决于商品价格总额与货币流通的平均速度这一规律也可以表述如下：已知商品价值总额和货币流通的平均速度，流通中的货币量取决于货币本身的价值。这就是说，在其他条件不变的条件下，流通中的货币量是由它自身的价值决定的。

2. 信用制度对货币流通量的影响

随着资本主义商品经济和信用制度的发展，有一些商品赊销出去，在计算货币量的时期内并不需要付款；有许多商品虽然不是在此期间出售，而是在过去出售的，但由于赊购的付款日期正好约定在计算期内，却需要在此期间用货币支付；同时，还有许多商品是由商品生产者互相销售的，因此，他们之间并不需要全部用货币来支付，只需多购者偿付互相抵消后的价格差额就可以了。在这种情况下，计算全部商品的价格总额时，就必须减去赊销的商品价格总额（即延期支付的总额）和相互抵消的商品价格总额，再加上过去销售而到期必须支付的商品价格总额，这才是真正在这一时期内需要用货币作为媒介来完成商品交

换的总额。这样，原来的货币流通量的公式应该扩充为：

（全部商品价格总额－赊销商品的价格总额－相互抵消的商品价格总额＋到期必须支付的商品价格总额）／同一单位货币的平均流通次数＝商品流通中所需要的货币量

3. 金属货币流通量的自发调节

在现实的交换过程中，商品流通的数量和价格总额是处在不断的变化之中，同一单位货币的平均流通速度也是在经常变化的。因此，货币的实际需要量是一个经常变动的量。但在金属货币流通的情况下，由于货币本身具有价值，能够执行储藏手段的职能，因而可以自发地调节流通中的货币量，以适应商品流通的需要，不会过多，也不会过少。当流通中所需要的货币量过多时，也就是货币量供过于求，货币就会贬值。这时，货币的所有者就不愿把自己的货币按贬低了的价值去交换商品，而宁可把货币储藏下来，这样就使一部分货币自发地退出流通领域，货币过多的情况就会消失。而当货币短缺、货币求过于供时，货币就会升值，从而能用同样的货币换回更多的商品，它会刺激货币储藏者把自己手中的货币投入流通。这样就使流通中的货币增加。所以货币发挥储藏手段的职能，就能够在流通中的货币量过多、过少时进行自发的调节。货币的储藏职能好比是货币储藏的蓄水池，对于流通中的货币来说，既是排水渠，又是引水渠，因此，货币并不会溢出它们的流通渠道。

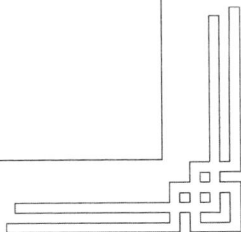

四、支配商品生产和交换的动力
——价值规律

（一）价值规律是商品经济的基本规律

首先，价值是商品的基本属性，是商品经济关系的总根源，是价值规律的基本点。价值是人类抽象劳动在一定历史条件下的结晶，是符合社会需要的必要劳动的一种历史表现形式，是商品生产经营者之间的物质利益关系的体现。在商品所具有的价值和使用价值这二重属性中，使用价值只是作为价值的物质承担者而存在，价值却是产品成为商品的决定性因素，这一点并不会因为商品存在的经济条件发生变更而有所变化，这个基本观点必须坚持。只有当商品向非商品转化过程中，商品的基本属性才由价值向使用价值转化；不过，一旦这个转化过程完结，商品也就不称其为商品了，作为商品的使用价值也就不存在了。以往的传统观点认为，资本主义商品生产是为了价值，社会主义商品生产是为了使用价值。这是把商品的价值和使用价值对立起来了，实属偏见。在为什么而生产的问题上，资本主义经济和社会主义经济的区别不在于一个为价值、一个为使用价值，而在于生产服从什么样的目的，在于价值所体现的经济关系。在资本主义商品经济中，使用价值存在的意义仅仅在于作为价值的物质承担者，而价值则是生产的目的和动机，但为价值而生产和为剩余价值而生产是一致的；在社会主义商品经济中，虽然使用价值存在的意义突出了，但价值仍然不失为生产的目的和动机，只不过为价值而生产和为满足人民群众不断增长的物质文化生活的需要而生产一致罢了。

从商品经济一般来说，商品经济中的一切经济关系，都是从价值关系中派生出来的，价值关系是一切商品经济关系的总根源。价值又根源于一定社会历史条件下的劳动，根源于社会所需要的劳动。在资本主

义商品经济中，利润、剩余价位、地租、利息等经济关系，都是从价值关系中派生的，而形成价值的劳动是雇佣劳动，劳动力成为商品，要出卖，因而那里的价值关系以及由价值派生的一切经济关系，都体现了资木家阶级剥削无产阶级的关系。在社会主义商品经济中，各个企业、部门和国家之间的经济关系，以及各个企业、部门内部的经济关系，也都集中体现在价值关系上。如利改税，实质是国家和企业之间的分配关系；企业利润的使用，既有企业生产和再生产的关系，又包含职工和企业之间的物质利益关系，而利、税又都来源于劳动创造的价位。这样，国家、企业和职工三者之间的物质利益基本一致的关系，就在盈利的计算和分配、税种税率的确定上得到了体现。所以即使在社会主义商品经济中，一也不能离开价位谈论经济关系。

既然商品的基本属性是价值而不是使用价值，既然商品经济关系的总根源也是价值而不是使用价值，那么价值规律的基本点也就是价值而不是使用价值，因而价值规律就自然地成了商品经济的基本规律。

其次，价值规律是商品经济诸规律中的主要规律。无论在小商品经济、资本主义商品经济，还是在社会主义商品经济中，都存在着众多的客观经济规律。这些经济力引李，并不是"各自为政"的，而是作为一种合力、共同发生着作用的，但是它们所处的地位和作用也并非完全等同、"彼此彼此"，其中以价值规律最为重要，处在主要规律的位置上，对整个商品经济发生着作用，其他的规律则是处在从属的地位，在价值规律作用的基础上，从某一侧面反映商品生产或者商品流通中的经济关系。如商品供求规律，它是作为价值规律的一个侧面，在市场上、在商品流通领域发生作用，以价格的高低来调节商品供求之间的平衡关系，向生产部门提供信息，进而调节生产，使价格和价值大体相符，从而实现价值规律的要求。又如货币流通规律，它是从商品流通中客观上所需要的货币量这个侧面来实现价值规律的要求的，它以商品流通中客观上所需要的货币量为尺度来调节实际流通中的货币量，多了就要回笼，少了就要投放，使价格和价值大体上相符，商品流通顺畅，从而使商品的价值得以实现。可见，恩格斯关于价值规律是商品生产的基本规律的观点，既不同于马克思所说的"绝对规律"，也不同于斯大林所说的"基本经济规律"，而是抓住了商品经济中众多规律中的一个主要规律，这就摆正了商品经济中的价值规律与其他经济规律之间的关系，从而为人们正确认识、充分利用价值规律处

理好各种经济关系，发展社会主义商品经济，提供了理论依据。

最后，价值规律对社会主义经济的促进作用表明它在商品经济诸规律中处于主要规律的地位。

价值规律的一个重要作用就是作为经济核算的工具，推动劳动生产率和经济效益的提高。因为按照价值规律的要求，决定商品价值的是生产该商品所耗费的社会必要劳动时间，而不是个别劳动时间，社会必要劳动时间决定的社会价值和个别劳动时间决定的个别价值之间的差额促使商品生产经营者千方百计地改进生产技术，完善经营管理，节约劳动耗费，努力把生产经营商品的个别劳动耗费降低到社会必要劳动耗费以下，并尽可能地降低到最低限度，以获得更多盈利。

价值规律的另一个重要作用就是调节生产比例，保持国民经济平衡发展。按照价值规律的要求，社会投入某种商品的总劳动量要符合社会对这种商品的需要，这就是要按照一定的客观比例分配社会劳动与国民经济各个部门。这实际上就是价值规律对社会生产按比例发展的调节作用。

价值规律的第三个重要作用就是作为制订社会主义国民经济计划的客观依据和工具。社会主义经济计划的出发点是建立社会生产和再生产平衡发展的比例关系，推动社会生产力的发展，而这恰恰是价值规律调节作用的内容，所以经济计划就必须把价值规律作为客观依据。在社会主义商品经济条件下，经济计划的物质内容是商品，是商品的生产和流通，并不是消灭了商品货币关系以后的产品的生产和流通；经济计划的价值内容直接就是各种价值指标，而不是消灭了价值以后的劳动小时。

既然商品、价值作为社会主义国民经济计划的主要内容，那么只有依据价值规律的客观要求，采用价值形式作为工具，才能精确地计算、统计这些指标，也才能制订出符合社会需要的经济计划。这就是说，在存在商品经济的条件下，人们安排生产经营计划，必须要著名的"价值"插手其间，只有在消灭了商品经济之后，人们才可以非常简单地处理这一切，"而不需要著名的价值，插手其间"。

价值规律对国民经济的发展所具有的这些作用，是商品经济中的其他规律所不具备的，因而它独居其他商品经济规律之首，成为主要规律，即基本规律，就是客观必然的了。

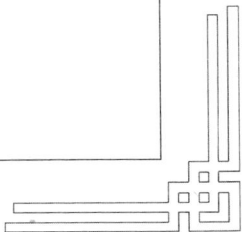

（二）价值规律的表现形式

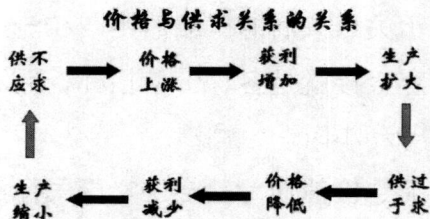

价格与供求关系的关系

供不应求 → 价格上涨 → 获利增加 → 生产扩大

生产缩小 ← 获利减少 ← 价格降低 ← 供过于求

（供不应求 ↑ 由生产缩小方向循环）

1. 价格和供求是相互制约的。
2. 价值围绕价格上下波动。

（三）价值规律的作用

1. 价值规律的第一个作用

价值规律调节生产资料和劳动力在各生产部门的分配。这是因为价值规律要求商品交换实行等价交换的原则，而等价交换又是通过价格和供求双向制约实现的。所以，当供不应求时，就会使价格上涨，从而使生产扩大；供过于求会使价格下跌，从而使生产缩减。这里价值规律就像一根无形的指挥棒，指挥着生产资料和劳动力的流向。当一种商品供大于求时，价值规律就指挥生产资料和劳动力从生产这种商品的部门流出；相反，则指挥着生产资料和劳动力流入生产这种商品的部门。

当然，价值规律的自发作用，也会造成社会劳动的巨大浪费，因而需要国家宏观调控。这里，社会主义国家的宏观调控可以比资本主义国家更有效。

2. 价值规律的第二个作用

由于价值规律要求商品按照社会必要劳动时间所决定的价值来交换，谁首先改进技术设备，劳动生产率比较高，生产商品的个别劳动时间少于社会必要劳动时间，谁就获利较多。因而，同部门同行业中必然要有竞争，这种情况会刺激商品生产者改进生产工具，提高劳动生产率，加强经营管理，降低消耗，以降低个别劳动时间。

3. 价值规律的第三个作用

促使商品生产者在竞争中优胜劣汰，这是第二个作用的结果。在商品经济中存在竞争，由于竞争，促

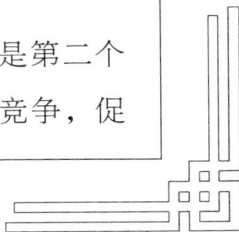

使商品生产者想方设法缩短个别劳动时间，提高劳动生产率，也会促使优胜劣汰。这是不以人的意志为转移的。

在社会主义条件下，由于生产资料是公有的，因此，优胜劣汰不会导致我国出现私有制商品经济条件下的两极分化局面。

优胜劣汰有利于实现产业结构的调整，可以促进整个社会生产力的发展，有利于社会主义经济的发展。但对于破产企业的所有者和经营者来说，毕竟不是一件好事，会给这些企业及其职工带来较大影响。这就需要国家、企业、职工三方面的努力：作为国家，要依法治国，规范市场行为，保护下岗职工的基本权益；作为企业，必须不断采取各种措施，努力提高劳动生产率，提高市场竞争力；作为职工，要不断努力提高自身素质。

农民上网销售蔬菜，说明什么？农民的观念也更新了，也用上了科技手段进行经营活动。

刺激商品生产者改进技术、改善经营管理，提高劳动生产率。

我们每天都看电视，电视中演的最多的就是广告。现在的企业都非常重视对产品的宣传，这也充分反映了竞争的激烈。市场上不断进行彩电大战、电脑大战、空调大战，手机大战。各生产厂家都在不断改进技术、改善经营管理，提高劳动生产率，争取立于不败之地。在广告中努力宣传着自己产品有先进的技术，独特的功能。

促使商品生产者在竞争中优胜劣汰的例子有：

例如：例1. 波音和麦道曾经是美国两大飞机制造公司，在世界同行中排名第一和第三。1994年，西方经济回升，波音形势很好，麦道却因经营不善，困难重重。1996年年底，麦道被迫被波音兼并了。

例2. 北京美厨食品有限公司是新加坡独资企业，1994—1996年期间，是美厨的辉煌时期。北京大街上众多的广告、以及给消费者送财神，幸运消费者新加坡旅游等促销活动，令消费者很是印象深刻，市场占有率曾列全国三甲，但是，却于2002年3月破产。

专家看来，美厨产品定位不准。在美厨进来抢占高端市场时，比它实力雄厚的康师傅和统一早就牢牢地各自把持一方，抢占了很大份额。美厨的产品以"黑椒牛肉面"为例，既不是像韩国的"农心"那样纯韩味的，像"日清"那样纯日味的，也不是中国传统风味的，缺少个性，同时在有了一定美誉度后，后续产品开发没有跟上，产品更新慢，自然与"康师

傅"、"统一"就差一截。2002年的时候，市场排名前十名的企业销量占市场量的79.1%，"康师傅"、"统一"、"华龙"厂家的市场占有率达70%，其中仅"康师傅"一家就达47%，而余下的30%的市场份额则被数百家企业分抢。竞争相当激烈。市场大浪淘沙，水土不服者出局。

现在市场上销售的美厨方便面，制造商是北京味佳乐科贸有限公司，他们是于2002年1月1日从威展海外国际（百慕大）有限公司购得了美厨商标的使用权和方便面的配方。通过OEM生产方式，面块委托天津和河北的厂家去做，而调料包自己生产。

例3. 帕玛拉特曾经是意大利国内第八大工业集团，欧洲最大的农业集团之一，大家对他的了解主要是来自一则广告，巴西球星罗纳尔多为他做的广告。罗纳尔多是世界顶级球星，顶级球星喝的牛奶肯定是最棒的，但是由于经营不善，2004年年初宣告破产。帕玛拉特"牛奶帝国"倒塌。

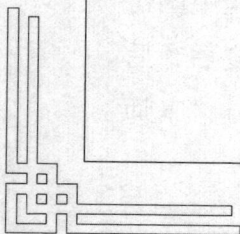

五、揭秘《资本家宣言》的谎言
——剩余价值

（一）剩余价值的产生前提

在资本主义社会里，工人的工作日包括两个部分：为自己耗费的劳动时间，即必要劳动时间；为资本家耗费的劳动时间，即剩余劳动时间。资本家为榨取更多的剩余价值而尽可能地延长工作日。但工作日的延长受到了生理的、道德的界限的制约，特别是工人阶级的反抗斗争，迫使资产阶级颁布法律，把工作日限制在一定的长度以内。在工作日的长度不变的条

件下，资本家要提高对工人的剥削程度，就必须改变工作日划分为必要劳动时间与剩余劳动时间的比例。而改变这种比例的前提，就是缩短必要劳动时间。

假定工作日为 8 小时，其中必要劳动时间和剩余劳动时间各为 4 小时，剩余价值率为 100％。如果工作日的长度仍为 8 小时，必要劳动时间由 4 小时缩短为 2 小时，剩余劳动时间就相应地由 4 小时延长为 6 小时，剩余价值率便由 100％提高到 300％。在工作日长度已定的前提下，必要劳动时间与剩余劳动时间成反比，必要劳动时间越短，剩余劳动时间就越长。

（二）剩余价值的生产过程

生产剩余价值是资本主义生产方式的需要和目的。因为资本的本质便是追求利润（剩余价值）。如果没有利润（剩余价值），资本所有者便无法维持和扩大其生产，也就无法达到（或实现）其所追求的目标（诸如生活上的物质需求和文化上的精神享受）。要生产剩余价值则必须生产使用价值。因为商品的使用价值是商品价值和剩余价值的物质承当者。在资本主义生产过程中，劳动者的具体劳动改变了劳动对象的物质形态，生产了商品的使用价值，并把生产资料的旧价值转移到了新商品中。在这个过程中，劳动者的抽象劳动又形成了商品的新价值。如果形成的新价值只仅仅等于资本所有者所支付的劳动力价值，则断然不会有剩余价值的产生，资本家也是无法接受的。资本主义生产的实质就是剩余价值的生产。

实际上，雇佣工人的劳动分为必要劳动时间（用于再生产劳动力的价值）和剩余劳动时间（用于无偿地为资本所有者生产剩余价值）。而剩余价值生产的秘密就在于被资本所有者所购买的劳动力的特殊性，即劳动力具有特殊的使用价值。剩余价值的真正来源是由雇佣工人在生产过程中创造出来的。"劳动力的使用即劳动创造的价值量大于劳动力的价值，资本家按商品价值出卖商品，不仅收回了资本价值，而且获得了剩余价值。"

资本所有者为了获得更大的剩余价值，在资本主义发展的初期，一般通过提高工人劳动强度和延长劳动时间来生产剩余价值（绝对剩余价值）。随着社会的发展和工人阶级斗争的深入，资本所有者调整了其剥削雇佣工人的方式，即在工人工作日长度不变的条件下，通过提高劳动生产率来达到其生产剩余价值的

目的（剩余价值的生产）。随着资本主义的发展，科学技术的广泛应用，生产力有了突飞猛进的发展。从而，相对剩余价值的生产就日益突出了。

总之，生产并占有剩余价值是资本主义生产的实质，是资本家对雇佣工人的剥削。

对剩余价值应辩证地认识。一方面，它是资本家对雇佣工人的剥削，具有非人道性；另一方面，剩余价值的生产是资本积累的前提和基础，是鼓励资本家继续前进（创造社会财富）的原动力，是企业进一步发展的保障。其在人类发展进程中的作用是积极性大于消极面的，应允以肯定。在社会主义社会和资本主义社会都存在"剩余价值"，其本质的区别在于剩余价值是国家（社会）占有还是私人（小集团）占有。当然，在一个理性的社会制度下，剩余价值率应该保持在合理的数字范围内，既有利于社会经济的发展，也能为资本家和工人所共同接受。

（三）绝对剩余价值和相对剩余价值

剩余价值是雇佣工人在剩余劳动时间创造的全部

价值，不应把绝对剩余价值和相对剩余价值误解为绝对延长劳动时间和缩短必要劳动时间而增加的那一部分剩余劳动时间生产的剩余价值。

马克思在指出资本主义生产条件下的劳动过程，同时又是价值增殖过程，使我们对于剩余价值的产生有了一个比较清晰的认识之后，对剩余价值的形态进一步分析时指出，贪得无厌的资本家为了获得更多的剩余价值采用了两种基本方法——绝对剩余价值的生产和相对剩余价值的生产。与之相对应，绝对剩余价值和相对剩余价值则是采用这两种方法所得到的剩余价值量。但是，无论是绝对剩余价值还是相对剩余价值，都是在剩余劳动时间创造的剩余价值，只是在不同的条件下，剩余价值则表现为不同的现象形态。

从资本主义生产本身来看，既不是纯粹的绝对剩余价值的生产，也不是纯粹的相对剩余价值的生产。资本家榨取工人创造的剩余价值时，总是双管齐下。所以，马克思告诫我们要从绝对剩余价值生产和相对剩余价值生产统一上来理解和把握资本主义的剩余价值生产过程。

马克思在分析剩余价值的量的变化时，特别指出：这种变化既依劳动的外延量的变化为转移，又依劳动生产率和劳动强度的变化为转移，从而它既取决

于绝对剩余价值生产的因素，又取决于相对剩余价值生产的因素。因此，不管剩余价值的特殊形式如何，都是在整个剩余劳动时间里，由雇佣工人创造的全部价值。而不能误认为只是增加的那一部分剩余劳动时间生产的剩余价值量。在确定哪一部分是绝对剩余价感哪一部分是相对剩余价值时，不仅需要联系生产这些剩余价值的特殊的生产形式，而且还必须是剩余劳动时间创造的全部价位。

马克思还指出，把工作日延长，使之超出工人只生产自己劳动力价值等价物的那个点，并由资本家占有这部分剩余劳动，这就是绝对剩余价值的生产。就相对剩余价值的生产来说，工作日一开始就分成两个部分：必要劳动和剩余劳动。为了延长剩余劳动，就要用各种方法缩短生产工资等价物的时间，从而缩短必要劳动时间。显然，无论使用什么方法所得到的剩余价值，都是指超出工人生产自己劳动力价值等价物的那个"点"的剩余劳动时间创造的。依靠绝对延长劳动日，并使超出工人生产自己劳动力价位等价物的那个"点"的剩余劳动时间而生产的整个剩余价值为绝对剩余价值。在劳动日不变的情况下，由于缩短了必要劳动时间，扩大了剩余劳动时间而生产的整个剩余价值就是相对剩余价值。

　　绝对剩余价值和相对剩余价值的划分是相对的。一方面，相对剩余价值是绝对的，因为它以工作日的延长超过工人本身生存所必需的劳动时间为前提。另一方面，绝对剩余价值又是相对的，因为它以劳动生产率发展到能够把必要劳动时间限制为工作日的一部分为前提。形成这一问题的原因，是因为作为剩余价值生产的两种形式——绝对剩余价值的生产和相对剩余价值的生产，不可能做绝对的划分。绝对剩余价值的生产构成资本主义体系的基础，并是相对剩余价值生产的起点，如果不使劳动时间长于必要劳动时间，资本家无论如何也是不会得到相对剩余价值，另一方面，绝对剩余价值的生产和相对剩余价值的生产都要求劳动者在必要劳动时间以外为资本家无偿劳动，创造剩余价值，如果全部劳动时间都成为必要劳动时间，任何形式的剩余价值都不会产生。绝对剩余价值的形成也可被看作必要劳动时间缩短的结果。剩余价值的两种形式就统一于此。从这个意义上说，绝对剩余价值和相对剩余价值的划分似乎完全是幻想的。

　　然而，绝对剩余价值和相对剩余价值彼此相互区别的界限终究是不可磨灭的。正如马克思指出的，如果注意一下剩余价值的运动，这种表面上的同一性就消灭了。绝对剩余价值和相对剩余价值只有在涉及剩

余价值率的提高时，它们之间的差别就可以感觉到了。在资本主义生产方式已经确立，并且确立在已有可能把劳动时间分为必要劳动时间和剩余劳动时间的生产发展的一定水平上时，便可以通过两条途径来进一步增大剩余价值：一是延长劳动日，一是缩短必要劳动时间。两条途径则是按照相反的方向来扩大剩余劳动时间。而同一事物在不同的条件下就会具有不同的性质和意义。只有把工人创造的剩余价值追溯到它的生产过程，即在条件一定的情况下，就能够确定它是绝对剩余价值，还是相对剩余价值。由于延长工作日使剩余劳动时间延长，整个剩余劳动时间生产的剩余价值就被打上绝对剩余价值的印记；而在工作日不变的情况下它通过缩短必要劳动时间，延长后的剩余劳动时间生产的剩余价值也就具有相对剩余价值的意义了。

任何事物的存在都离不开它所依赖的条件。条件变了，事物的性质就要发生变化。正确理解绝对剩余价值和相对剩余价值也不能离开一定的条件。只有把握住在何种条件下将二者区别开来才有意义，而又在何种条件下这种区别没有任何意义，需要将二者统一起来，才能正确地认识绝对剩余价值和相对剩余价值。我们必须坚持辩证统一的世界观，运用从抽象到具体的科学分析和研究问题的方法，全面地理解绝对剩余价值和相对剩余价值，才能使我们深刻理解马克思主义的剩余价值理论，认清资本主义制度的剥削实质。

（四）剩余价值的分配

1. 剩余价值转化为利润

（1）利润和平均利润

对资本家个人来说，他在生产商品时所支付的费用只是不变资本（c）和可变资本（v）；剩余价值（m），资本家并没支付任何代价，是无偿占有的。所以，$c+v$ 就成了资本家的生产费用，也叫成本价格（用 k 来表示）。原来的公式：$W=c+v+m$，就变成 $W=k+m$ 的公式了，这样一来，剩余价值完全表现为成本价格的一个附加额，剩余价值与可变资本的直接关系被掩盖了。

成本价格范畴掩盖了资本主义的剥削关系。因为：

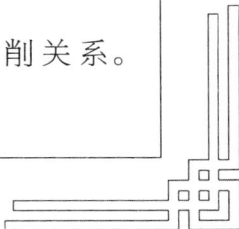

第一，从商品的价值形成过程来看，所消耗的生产资料是物化劳动的耗费，是旧价值的转移；而劳动力的消耗则是活劳动的消耗，它创造了新的价值。但是，在成本价格的形态上，生产资料和劳动消耗被资本耗费所掩盖。

第二，从价值的增殖过程来看，资本家投在生产资料上的资本是不变资本，它只能转移原有的价值；而投在劳动力上的资本是可变资本，却会增殖价值。但是，在成本价格的形态上，这两种不同的资本都同样作为资本价值耗费被支出，再作为成本价格周转回来，这又把不变资本和可变资本在价值增殖过程中的不同作用抹杀了，掩盖了资本主义的剥削实质。

（2）剩余价值转化为利润

剩余价值本来是由可变资本产生的，是可变资本以上的增加额。但是，资本家却把它看作是成本价格以上的增加额，即全部所费资本价值的增加额。因而，在生产过程中产生的剩余价值则表现为所费资本的产物。这样，原来表现商品价值的公式：$W = c + (v + m)$，就变成了 $W = (c + v) + m$ 即 $k + m$。

①资本家不仅把剩余价值看作是他的全部所费资本的增加额，而且也看作是他的全部预付资本，即全部所用资本的增加额。这样，资本家把剩余价值看作

是全部预付资本的产物时，剩余价值也取得了利润的形态。

②利润和剩余价值本来是同一个东西，所不同的是：剩余价值是对可变资本而言的，而利润则是对全部预付资本而言的。剩余价值是利润的本质，利润则是剩余价值的现象形态。正因为利润本质上是剩余价值，只是在观念上表现为全部预付资本的产物，所以马克思便把利润称为剩余价值的转化形式。如果用 p 代表利润，则商品价值 $W=c+v+m=k+m$ 的公式便转化为 $W=k+p$ 的公式，即商品价值等于成本价格加利润。

③剩余价值转化为利润掩盖了剩余价值的真正来源，似乎剩余价值不是由可变资本产生的，而是由全部预付资本产生的，这就掩盖了剩余价值同工人剩余劳动的联系，它表现为资本自行增殖的结果。同时，由于商品价值的公式进一步转化为 $W=k+p$（成本价格加利润）。于是资本家把成本价格（k）看作是商品的内在价值，而剩余价值（或利润）则表现为商品出售价格超过它的内在价值的余额。这样一来，剩余价值就变成了商品流通过程中的产物，似乎剩余价值（利润）是在流通中产生的，它的真正来源就进一步被掩盖了。

2. 利润率

（1）利润率和剩余价值率

①利润率

剩余价值和预付总资本的比率叫利润率，即 $m/(c+v)$。

②利润率和剩余价值率的关系

利润率反映了资本家预付总资本的增殖程度。它与剩余价值率不仅量上不同，而且质也有区别。

利润率总是低于剩余价值率。即：$m/(c+v)<m/v$。

剩余价值率是剩余价值与可变资本的比率，即 m/v；剩余价值率反映的是资本家对工人的剥削程度，而利润率表示的是预付资本的增殖程度，它掩盖了剩余价值的真正源泉，掩盖了资本家对工人的剥削程度。

（2）影响利润率的因素

不同企业、不同时期的利润率是不一样的。影响利润率的因素主要有四个：

①剩余价值率。

在其他条件不变的情况下，即预付资本的大小、资本有机构成等条件都不变的情况下，利润率的高低决定于剩余价值率的高低。剩余价值率高，利润率就高；剩余价值率低，利润率就低。两者同方向变化。

②资本的有机构成。

就某个部门而言，在其他条件不变的情况下，即劳动生产率、剩余价值率等不变的情况下，资本有机构成越低，同量资本中可变资本的比重越大，生产的剩余价值越多，利润率越高；反之，利润率就低。反方向变化。

对同一部门的单个企业而言，资本有机构成越高，意味着其生产技术高、因此可以带来更多的剩余价值，从而利润率也较高。同方向变化。

③资本周转速度。

同样，在其他条件不变的情况下，资本周转速度越快，同量资本在一年中所生产出来的剩余价值量越多，年利润率越高。反之，年利润率就越低。年利润率和资本周转速度成同方向正比例变化。

④不变资本的节约。

不变资本本身不会带来更多的利润，但在其他条件不变的条件下，不变资本的节约可以使生产同样的剩余价值只需较少的预付资本，从而提高利润率。

3. 利润转化为平均利润

在资本主义制度下，影响利润的各种因素不可能

按同样程度发生作用，因此不同生产部门的利润率应当是不同的。

例如，不同的生产部门，投入的预付资本的数量相等，由于他们的资本有机构成或资本周转速度等不同，尽管剩余价值率相等，利润率应当不一样。然而在资本主义的现实生活中，不同生产部门的利润率却大体相等，趋于平均。这是由于不同部门之间相互竞争的结果，从而使各个部门之间原本不一致的利润率趋于一致，形成各部门之间的平均利润率。

①平均利润率的形成是通过部门之间的竞争，以资本在部门之间转移的方式实现的。

为了获取最大限度的利润，资本家将本部门的资本向利润率高的部门转移，从而使得利润率高的部门资本增加，生产扩大，在市场需求不变的情况下，商品供给的增加，会导致供过于求，从而市场中商品的均衡价格下降，使利润率高的部门利润相应地降低。

而利润率很低的部门，资本家会将其资本转移到利润率较高的部门，使得本部门的资本投入减少，生产规模缩小，在市场需求不变的情况下，商品供给减少，会导致供不应求，从而商品的均衡价格上涨，留在这些部门的厂商平均收益增加，利润率增加，各部门之间的利润率差距缩小。

随着资本在各个部门之间转移的运动不断进行，最终使得各部门的利润率大致相等，形成平均利润率。

②平均利润率在数值上可以表示为剩余价值总量与预付总资本的比率，即：

$$平均利润率 = \frac{剩余价值总额}{预付总资本}$$

可见，平均利润率的形成是不同部门的资本家通过竞争重新瓜分剩余价值的结果，其源泉仍然是剩余价值。各个生产部门的资本家按照平均利润率所获得的利润，就是平均利润。用公式表示为：

平均利润＝预付总资本×平均利润率

需要强调的是，平均利润率不是各部门利润率的简单平均，平均利润率也不意味着各部门所获得的绝对利润量相等。

利润转化为平均利润后，更加掩盖了资本主义的剥削关系。本来剩余价值转化为利润已经掩盖了剩余价值的起源，但这时部门的利润量和剩余价值量还是相等的。

利润转化为平均利润后，使许多部门所得的利润量和本部门工人创造的剩余价值量不相等了，利润和剩余价值在量上的关系被割断了。

不同生产部门投入等量资本得到等量利润，造成

了一种假象，似乎利润的多少只和投入的资本量有关，掩盖了利润的起源和本质，资本主义的剥削关系被进一步掩盖了。

4. 价值转化为生产价格

随着利润转化为平均利润，商品不再按生产成本加剩余价值的价格出售，而是按生产成本加平均利润的价格出售。

①生产价格

商品的生产成本（K）和平均利润（$\bar{p}$）构成的价格就是生产价格。用公式表示为：

$$生产价格＝生产价格＝K＋\bar{p}$$

生产价格的形成是以平均利润率的形成为前提的。利润转化为平均利润的过程，就是生产价格的形成过程，实际上是商品价值中的剩余价值部分在不同生产部门进行平均分配的结果。

从生产价格的形成过程我们知道，生产价格和价值在许多部门是不一致的，而且生产价格形成后，价值规律的作用形式也发生了变化。

②生产价格并没有否定价值规律。

生产价格与价值有一定程度的背离，但是这种背离及价格围绕生产价格上下波动并没有否定价值规律，相反是以价值规律为基础的。因为：

1）从单个部门看，资本家获得的平均利润也许与工人创造的剩余价值有量的差异；但从全社会来看，整个资产阶级获取的平均利润的总和正好等于全部工人所创造的剩余价值的总额。

2）从单个部门看，价值与生产价格在量上有差异；但从全社会来看，生产价格总额等于价值总量。

3）生产价格的变动，最终取决于价值的变动，取决于生产该商品的社会必要劳动时间的变化。二者变动的方向是一致的。

③平均利润和生产价格理论的重大意义在于：

1）它科学地解决了劳动价值论同等量资本获得等量利润之间表面上的矛盾，指出生产价格规律与价值规律没有本质差别，前者是后者的表现形式。

2）它说明了各部门资本家共同瓜分整个工人阶级创造的剩余价值的事实，表明工人不仅受本部门资本家的剥削，而且受整个资产阶级的剥削，揭示了工人阶级与资产阶级的根本对立。因此，资本家之间在剩余价值上虽然有矛盾，但在剥削工人阶级这一根本问题上，他们的利益是一致的。

所以工人阶级要摆脱被剥削和压迫的状况，就必须团结起来，反对整个资产阶级，推翻资产阶级的统

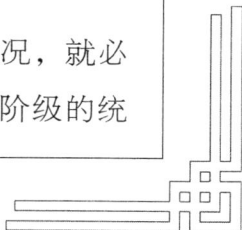

治，消灭资本主义剥削制度。

5. 商业资本与商业利润

（1）商业资本

商业资本是指专门从事商品买卖并以追求商业利润为目的的资本。

商业资本的职能体现在出售商品时，使商品资本转化为货币资本，实现商品中所包含的价值和剩余价值，最终完成商业资本的循环。商品资本职能的这种相对独立性，包含着使它从产业资本运动中独立出来的可能性。

产业资本派生出商业资本不仅有可能，而且也有必要。随着资本主义的发展，生产规模不断扩大，商品销售量日益增多，销售市场日益扩展。在这种情况下，产业资本家如果再直接经营产品销售，就必须建立许多商业机构和庞大的商业网点，雇佣许多商业职工，增加大量流通费用，以致在资本总额一定时，生产资本减少。同时，随着商品流通范围的扩大和流通时间的延长，资本周转速度缓慢，预付资本也会增大。以上两种情况，都会导致产业资本的利润量减少和利润率的下降。因此，产业资本家为了自身的利益，就把商品销售职能让给不从事生产活动专营商品买卖的商业资本家去承担，于是产业资本派生出商业资本。

商业资本的作用体现在以下三个方面：

①商业资本独立发挥作用意味着商品销售的专业化，从而降低了产业资本家经营成本，形成专业化的生产管理，从而增加了利润总额。

②加速资本周转的速度，节约了流通资本，从而使社会资本再生产和流通两个方面的资本比重分配更加合理，尤其是增加产业资本。

③由于商业资本周转不受产业资本周转的限制，它可以在一个部门的多个企业之间以及在全社会若干部门间进行商品销售，因而在产业资本周转一次的时间内，它可以周转若干次，从而在全社会范围内加速了产业资本的周转。

④缩短流通时间，节省流通费用，加速资本周转，有利于经济的发展和平均利润率的提高。

（2）商业利润

资本家投资商业的目的在于获得商业利润。但是问题在于马克思认为商业作为非物质生产部门，除了生产过程在流通领域的延续活动——包装、运输、保管（生产性劳动）而外，不会创造出价值和剩余价值。那么商业资本如何获得利润？利润来源于何处？

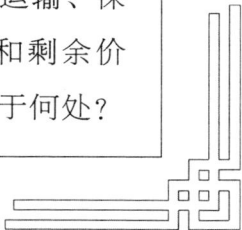

从现象上看：商业利润"来源于"购销差价，流通领域。

从商业利润获得途径上看：单个的商业资本家通过贱买贵麦克获得商业利润，但这不能说明商业利润真正来源。因为在流通领域中，总的社会价值并没有增加。

从本质上看，商业利润的真正来源是产业工人再生产过程中创造的剩余价值的一部分。

商业利润来源于剩余价值的理由体现在两个方面：

①从商业资本的职能看，它专门为产业资本家承担商品销售业务，它分担产业资本中的商品资本的职能。因而商业资本家必须与产业资本家（甚至还有其他资本家）共同分享产业工人创造的剩余价值。

②从商业资本的作用看，它促使商品销售专业化，节约了产业资本在销售中占用的资金量，使更多的产业资本投入生产，从而提高了利润总量。产业资本家以低于商品价值（生产价格）的出厂价格将商品出售给商业资本家，而商业资本家再按商品价值（生产价格）出售商品，最终获得商业利润。

假定在一年内整个社会产业资本是 900，资本有机构成是 $720c+180v$，剩余价值率为 100%；$720c$ 中的固定资本价值在一年内全部转移到新产品中去，到年终时社会总产品的价值 $720c+180v+180m=1080$。再假定，社会总产品全部由商业资本销售，商业资本总额为 100。也就是说，商业资本经过即 10.8 次周转，把价值为 1080 的社会总产品全部销售出去，这时，社会上全部资本的总数为 1000，即 900（产业资本）＋100（商业资本）。由于商业资本不创造价值和剩余价值，所以，社会上的剩余价值总量仍是 180，这时社会平均利润率为 18％。这是商业资本和产业资本共同参与利润率平均化过程竞争而形成的职能资本的平均利润率。

按照职能资本平均利润率，产业资本得到 162 即 $900×18\%$ 的产业利润（用 p 表示）；商业资本得到 18 即 $100×18\%$ 的商业利润（用 h 表示）。这样，产业资本向商业资本出售商品的价格为 1062 即 720＋180＋162；商业资本家向消费者出售商品的价格为 1080 即 1062（进货价格）＋18。商业资本家虽然在进货价格上加了 18 的商业利润来出售商品，但出售价格仍然和社会总产品的生产价格相等，也就是与社会总产品的价值相等，完全符合价值规律。

商业利润率，在资本主义社会的现实经济生活中，实质上是职能资本的平均利润率。当商业资本参

加利润率的平均化过程之后，对平均利润率、平均利润和生产价格等范畴，都必须做出新的说明。

这时产业资本的平均利润率转变为职能资本的平均利润率。即：

职能资本的平均利润率

$$= \frac{剩余价值总额}{产业资本总额＋商业资本总额}$$

产业资本的平均利润转化为职能资本平均利润率，并分解为产业利润和商业利润两部分。产业利润＝产业资本总额×职能资本利润率；商业利润＝商业资本总额×职能资本平均利润率，原来的生产价格＝成本价格＋平均利润，即 $k+P$，现在由于平均利润分解为产业利润和商业利润，即 $r=p+h$，所以生产价格变成：$k+p+h$，即成本价格＋产业利润＋商业利润。

（3）商业流通费用及其补偿

首先我们来探讨商业流通费用的含义及分类。

商业资本家在从事商品流通的过程中，所付出的各种流通费用。

商业流通费用分为生产性流通费用和纯粹流通费用。生产性流通费用与使用价值运动有关的费用，是指商品的运输、保管、分类、包装等费用。这些费用在性质上与生产领域的费用基本相同，是在流通领域中支出的具有生产性质的费用，简称生产性流通费用。纯粹流通费用与价值运动直接有关的费用，包括店员工资、广告费、手续费、经营管理和簿记费用等。这些费用是由商品价值形式变化引起的，是纯粹为流通而支付的费用，简称纯粹流通费用。

接着我们来探讨商业流通费用的补偿。

生产性流通费用，它自身能够实现价值的转移和增殖，通过商品的销售，即收回了流通费用，又为商业资本家带来了相应利润，它是在商品的总价值和增殖中得到补偿的。而对于纯粹流通费用，既不能实现价值和剩余价值的增值，也不能实现将自身价值的消耗转移到商品本身中去，因而只能等商品销售出去，从社会总剩余价值中得到补偿。

6. 借贷资本和利息

（1）借贷资本及其来源

借贷资本是从产业资本和商业资本中独立出来，并为了取得利息而暂时贷给职能资本家的货币资本。

借贷资本的形成与资本主义再生产过程有着密切的联系。借贷资本的主要来源是产业资本在循环和周转过程中暂时闲置的货币资本。主要包括：

①固定资本折旧基金

这笔按折旧率逐年提取的用于固定资本更新的折

旧基金，在设备更新以前会暂时闲置。

②暂时闲置的流动资本

如商品已经售出，但还不需要立即购买原材料、辅助材料和支付工资时，这些流动资本也会暂时闲置。

③用于积累但尚未形成投资的剩余价值

由于积累的资本只有在达到一定数量时，才能进行扩大再生产，因此在尚未达到追加资本所必需的数量之前，这些剩余价值也会以货币的形式暂时闲置。

对于借贷资本的特点，我们从三个方面归类：

①借贷资本是资本商品。它是资本，又表现出商品的某些特征，它具有双重的使用价值：一是货币的使用价值，充当一般等价物，用来购买任何商品；二是资本的使用价值，即生产剩余价值的能力。

②借贷资本是作为一种所有权资本，即财产资本而与职能资本相对立。借贷资本家转让给职能资本家的是他资本的使用价值。借贷资本家只是把资本的使用权转让给了职能资本家，而资本的所有权仍然属于借贷资本家，属于他所有的财产。

③借贷资本是最具有拜物教性质的资本。

（2）利息和利息率

资本主义的利息是职能资本家因使用借贷资本而

付给借贷资本家的一部分剩余价值。在资本主义制度下，利息是剩余价值的一种特殊转化形式，它体现了借贷资本家和职能资本家共同剥削雇佣工人的关系，也体现了借贷资本家和职能资本家之间共同瓜分剩余价值的关系。

利息来源于产业工人创造的剩余价值的一部分，即平均利润的一部分。职能资本家从借贷资本家那里借到货币资本，用它经营产业或经营商业，取得平均利润。由于借贷资本的所有权和使用权的分离，同一货币资本取得两重存在：借贷资本家作为资本所有者，把货币资本当作资本贷出；职能资本家作为资本使用者，把货币资本作为借入资本。因此，借贷资本家和职能资本家对利润都有占有权，于是，借贷资本家和职能资本家只能对同一资本带来的平均利润进行瓜分，而不能由任何一方独占。这样，平均利润被分割为两部分：一部分是借贷资本家让出资本使用权而得到的利息，另一部分是职能资本家得到的企业利润。企业利润是在存在着利息的情况下，产业利润和商业利润的总称，它在数量上就是平均利润和利息的差额。利息是平均利润的一部分，而平均利润是剩余价值的转化形式，所以利息就是剩余价值的特殊转化形式。

平均利润分割为利息和企业利润，进一步掩盖了资本家之间瓜分剩余价值的剥削关系。从表面上看，借贷资本家所得的利息表现为资本所有权的收入，似乎是资本自身生出的；职能资本家使用借贷资本进行经营所得的企业利润，表现为资本家经营企业的。劳动报酬。好像这两种收入都和雇佣劳动无关。实质上，利息和企业利润都是剩余价值的转化形式。

利息率是指在一定时期的利息量与借贷资本量之间的比率，用公式表示为：

$$利息率 = \frac{利息量}{借贷资本} \times 100\%$$

利息率不同于利润率的重要特点是在每次借贷行为中，利息率都是预先确定的。

利息率的高低需要有一定的界限。它的最高界限是平均利润率。在一般情况下，利息率要低于平均利润率，它不能等于更不能超过平均利润率，否则，职能资本家得不到任何利润，就不会借入资本了。利息率的最低界限不能等于零，否则就没有人愿意贷出货币资本。因此，利息率总是在平均利润率和零之间波动。

影响利息率的因素我们主要从两个方面谈起：

（1）平均利润率的高低。

在其他条件不变的情况下，平均利润率的变动引起利息率在相同方向上发生变化。

（2）借贷资本的供求状况。当平均利润率一定时，利息率取决于平均利润分割为利息和企业利润的比例，而这个比例取决于金融市场上借贷资本的供求关系。供给大于需求，利息率就下降；反之，则会上涨。当借贷资本的供求平衡时，利息率是由习惯和法律等因素决定的。

随着资本主义的发展，利息率有逐渐下降的趋势。其下降原因有两点：首先是利息率的最高界限是平均利润率。随着资本主义的发展，平均利润率有下降趋势，因而利息率必然趋向下降；其次是借贷资本供过于求的趋势也影响利息率的下降。随着资本主义的发展，借贷资本的供给大于需求，这是由于资本主义社会中信用制度的日益发展，食利阶层人数不断增加，大量闲置货币资本转化为借贷资本。而资本主义危机的加深，信用交易和结算的发展，对借贷资本的需求量却相对减少，从而使借贷资本的供给超过需求，引起利息率下降。

（3）银行资本和银行利润

在资本主义社会里，货币资本的借贷关系，主要是通过银行来进行的。

银行是专门从事货币经营业务的经济组织，它在

货币借贷关系中充当借贷双方的中介。另外，银行还经营与货币流通有关的技术性业务，如货币保管与兑换、结算与支付等。

资本主义银行是商品经济发展到一定阶段的产物。随着商品经济的发展，商品流通和货币流通中的一部分技术性业务和货币借贷活动大量增加，需要专门的机构和人员从事这种中介活动，银行便是商品经济中货币流通的支付中介和货币借贷中介的结合体。

银行资本有两部分构成，即自有资本和借入资本。

自有资本是指资本家为经营银行获取利润所投入的自有资本，它只占银行资本的很小的一部分。

借入资本是指银行吸收的各种存款。资本家投资于银行和投资于工商业一样，其目的都是为了获得利润。

银行资本家经营银行所获得的利润称之为银行利润。银行存贷款利息的差额，扣除银行经营业务的费用后，余下的部分形成银行利润。职能资本家用银行的贷款作为资本从事生产或商业活动，它所获得的剩余价值的一部分，以利息的形式付给银行资本家，成为银行利润。由于在银行资本家和工商业资本家之间存在着竞争和资本的自由转移，使银行利润相当于平均利润。

银行利润的真正来源仍然是工人在生产过程中创造的剩余价值。因此，银行资本家也参与了剩余价值的瓜分。

（4）股份公司和股票

股份公司是以发行股票的方式筹集资本的许多单个资本联合经营的企业。以发行股票的方式，集中众多单个资本进行股份联合经营的资本形式就是股份资本。

股份公司是资本主义大工业和信用制度发展的产物。它是随着资本主义生产的发展而逐渐发展壮大的。伴随着技术进步和资本有机构成提高的速度加快，生产社会化程度越来越高，企业规模也迅速扩大。

如果企业仅靠自身的积累来进行扩大再生产，其生产扩大速度相对较慢。以至于单个资本家的有限资本无法满足生产扩大的要求，客观上要求资本家联合起来。这样为了突破单个资本的局限，出现了以发行股票的方式集中众多单个资本的股份资本，成立了用股份资本来联合经营企业的股份公司。

由此可见，股份公司实际上是单个资本和社会大生产之间的矛盾发展的产物。

与单个资本相比，股份公司不仅有着与前者不同的资本结构与形式，而且企业的组织结构也有很大不

同。投资购买股票的资本家所投资本交由股份公司使用，他凭股票可以参加公司利润的分配，因此股份公司的所有权和经营权是相互分离的。当然，股份资本的这种两权分离只是相对的，并不是所有者完全失去了对企业的控制，只不过资本所有者不直接干预公司的具体经营决策过程而已。

股份资本所有者凭借其所有权对企业所享有的经营权依旧有制约关系，以保证经营权的运用符合所有者的利益。另外，股份公司内部各个股份资本所有者之间也存在互相制约的关系。

股票是股份公司发给股份所有者用以证明其股份数额并作为其获取股息收入的凭证。股票持有人就是股东。股东作为股份资本的所有者有权参与股份公司利润的分配。

股息是股东根据票面额从企业盈利中获得的收入，它是剩余价值的一部分，也是剩余价值分配的一种形式。

股票作为一种有价证券，有如下特点：

①不返还性。股东认购股票以后，不能退股索回本金。

②风险性。股东凭股票可按规定分得股息，也必须承担清偿公司债务甚至是破产的风险。

③可流通性。股票虽不能退回，但可以转让、抵押和买卖。

股票价格的界定：

股票本身没有价值，但可以有价格，又叫股票行市，它不是股票的票面金额，而是股息收入的资本化。即股票价格应等于凭这张股票获取的股息与同一笔存入银行所得到利息的比例。用公式表示为：

$$股票价格 = \frac{股息量}{利息率}$$

7. 地租

（1）资本主义地租的本质

资本主义地租是资本主义土地所有权借以实现的经济形式。资本主义土地所有权的特点包括：

土地所有权与农业经营权相分离。农业中的三大阶级包括：大土地所有者、农业资本家、农业雇用工人。

资本主义的土地所有权与人身依附关系相分离。土地所有者与农业资本家之间演化为纯粹的合约关系，农业劳动者与农业资本家之间也是纯粹的经济契约关系，无人身依附关系。不存在超经济的强制与剥削。

农业领域剩余价值的分配问题体现在两个方面：

①农业剩余价值由农业工人创造并有农业资本家战友，最后由农业资本家和土地所有者共同参与瓜分。

②资本主义利润平均化规律决定农业资本家只能获得平均利润，而超过平均利润的那部分剩余价值作为地租为土地所有者占有。

资本主义地租的本质是农业资本家为了获得土地使用权而交给土地所有者的超过平均利润的剩余价值；也是地租体现土地所有者与农业资本家共同剥削农业工人同盟关系；并瓜分剩余价值的竞争关系。

（2）级差地租

级差地租是指与土地等级相联系的地租。由农产品的个别生产价格低于社会生产价格所形成的。

级差地租形成的条件根据土地的自然条件好坏不同，同量的资本投资于不同等级的相同面积的土地，其劳动生产率与产量收益不同。

级差地租形成的原因主要是土地的资本主义经营权的垄断。

①经营优等和中等土地的农业资本家获得超额利润。

②土地的资本主义经营垄断，使农业获得的超额利润长期稳定存在。

级差地租的源泉：农业工人创造的剩余价值。级差地租的形态：第一形态和第二形态。

①级差地租第一形态：是农业雇用工人在肥沃程度或所处位置较好的土地所创造的超额利润而转化的地租。

②级差地租第二形态：是由于在同一块土地上连续投资所产生的不同生产率而形成的级差地租。

（3）资本主义绝对地租

绝对地租是在资本主义土地私有权下，租种任何土地都必须缴纳地租的经济现象。它是一种经济现象，不是地租的结构类型。

绝对地组形成的条件包括资本主义社会在一个相当长的历史时期中，农业的资本有机构成低于社会平均资本有机构成，同量的资本可雇用更多的活劳动力，同水平的剩余价值率下，农业部门获得高于工业部门的剩余价值，农产品的价值（$C+V+M$）高于其生产价格（$K+P$）。农业资本有机构成提高低于社会平均的资本有机构成，是形成绝对地组的条件。绝对地租—农业中存在着土地私有权的垄断。

原因：第一，土地私有权的垄断使农产品价值高于社会生产价格的超额利润。有可能留在农业部门形成绝对地租，农业部门的剩余价值不参与利润的平均化，农产品按照高于生产价格的价值出售，价值

$(C+V+M)$ －生产价格 $(K+P)$ ＝超额利润；第二，土地私有权的垄断使农产品价值高于社会生产价格的超额利润，必须留在农业部门形成绝对地租。

绝对地租的源泉：是剩余价值的一部分，是该部分的剩余价值的转化形式。

（4）土地价格

土地所有者不仅可以收取地租，也可以把土地当做商品买卖。但是土地本身是自然的产物，而不是劳动的产品，因而没有价值。没有价值的土地之所以能作为商品买卖是因为：土地本身虽无价值，但凭借土地所有权能定期获取地租收入。土地价格的实质：土地价格不是土地价值的货币表现，而是地租的资本化，或者是资本化的地租。

决定和影响土地价格的因素：①地租的大小；②银行利率高低。

土地价格＝地租／利息率。

资本主义土地价格具有上涨趋势的根源：

①地租有上涨趋势。②随着资本有机构成的提高，平均利润率有下降趋势，从而利息率有下降趋势，因此，即使地租量不变，随着利息率的下降，也会导致土地价格的提高，但不利于资本主义农业的发展。

六、资本家剥削工人的产物——资本

（一）资本的本质

资本是能够带来剩余价值的价值。资本可以表现为货币、机器设备等生产资料，也可以表现为商品，但这些物本身并不就是资本。只有在一定社会生产关系下，成为剥削雇佣工人手段时，它才成为资本。所以，资本的本质不是物，而是在物的外壳掩盖下的一种社会生产关系，即资本主义剥削关系。

（二）资本的积累

　　资本积累就是把剩余价值再转化为资本，即剩余价值资本化。剩余价值是资本积累的唯一的源泉，资本积累又是扩大再生产的重要源泉。其实质是资本家将其无偿占有的剩余价值的一部分再转化为资本，用来购买追加的生产资料和劳动力，扩大生产规模，从而进一步无偿地占有更多的剩余价值。

　　从资本主义的生产过程看，资本积累是资本主义扩大再生产的源泉，剩余价值是资本积累的源泉。资本积累的规模与剩余价值的量成正比。资本家占有的剩余价值越多，资本积累的规模就越增大；而资本积累的规模越大，资本家可以获得的剩余价值也就越多。资本积累的实质就在于通过剩余价值的资本化进而获得更多的剩余价值。

（三）资本的循环

资本循环指产业资本从一定的职能形式出发，顺次经过购买、生产、销售三个阶段，分别采取货币资本、生产资本、商品资本三种职能形式，实现了价值的增殖，并回到原来出发点的全过程。这一过程可用公式表示为：

$$P_m G - W < \cdots P \cdots W' - G' A$$

从上述公式中我们可以看出，产业资本在其循环过程中要顺次经过三个阶段：购买（$G-W$）、生产（$\cdots P \cdots$）、销售（$W'-G'$）。其中，第一、三两个阶段属于流通过程，第二阶段属于生产过程。

产业资本循环顺利进行的必要条件产业资本循环要保持连续性，必须具备两个条件：

第一，空间上的并存性，资本的三种职能形式在空间上同时并存。全部资本必须按一定比例分成三个部分，分别同时存在于三种职能形式上。

第二，时间上的继起性，资本三种职能形式在时间上相互继起。即分别处在每种职能形式上的资本，

都必须相继进行转化，依次从一个阶段转向下一个阶段，从一种职能形式转向下一种职能形式，经过循环回到它原来的出发点，连续不断地运动。

（四）资本的周转

资本周转是指不断重复、周而复始的资本循环过程。资本必须在运动中才能实现其价值增殖，这种运动不能孤立地循环一次便停下来，而必须持续不断地周期性地进行。这样的资本循环，叫作资本周转。

由于资本周转时间包括生产时间和流通时间，前者又包括劳动期间、受自然力作用的时间和生产资料储备的时间，后者包括销售时间和购买时间，所以影响资本周转的因素很多。劳动期间的长短，要受产品本身的性质、生产规模、生产技术水平、机械化程度、劳动组织的合理化和企业管理水平等因素的影响。一般说来，重工业产品比轻工业产品的劳动期间长。受自然力作用的时间和生产资料储备的时间，主要存在于同生物成长、化学变化或等待干燥有关的行业，比如种植业、饲养业、酿酒业、制革业、漂白业、陶瓷业、木器业等。由于现代生物学、化学、物理学方面新的科技成就在生产中的应用，大大缩短了这方面的时间。影响流通时间的因素有市场距离、交通运输、电讯条件和信用制度。信息的卫星传播，微波通讯技术的应用，航空事业、集装箱运输和高速公路的发达以及信用卡的普及，都在一定程度上缩短了流通时间。产品的畅销或滞销对流通时间的长短也大有影响。

对资本周转速度影响较大的一个因素是生产资本的构成比例。按照价值转移、流通形式、周转方式的不同，产业资本循环中的生产资本可以划分为固定资本与流动资本两类。固定资本是表现为厂房、机器、设备、工具等劳动资料的那部分生产资本。它在物质形态上全部参加生产，较长期地保持原有的形态，持续不断地在生产过程中发挥作用；而在价值形式上却一部分一部分地转移到产品上去，直至物质形态不再发挥作用为止，才完成它的一次周转。固定资本的流通形式，不是在使用价值形式上的流通，不是物质形态的转变，而只是价值的转移，并且要把转移来的这部分价值，作为折旧费保存在货币资本的形式上，直到价值全部转移才进行物质更新，即把集中在一起的货币资本再转变为生产资本。流动资本是由表现为原

料、燃料、辅助材料、包装材料等劳动对象和劳动力所构成的那部分生产资本。其中的不变部分在一次生产过程里即完成它的物质形态变化，价值也同时全部转移到产品中去；其中的可变部分即劳动力价值虽然不转移到产品中去，但会在一次生产过程中再生产出来成为产品价值的一个部分。可见，固定资本与流动资本周转的速度是不同的，固定资本周转慢，流动资本周转快。固定资本中各个部分的周转速度也不一样，普通工具两三年周转一次，机器要五年、八年周转一次，厂房周转的时间更长。固定资本在预付总资本中所占的比例大，资本周转就慢；反之，流动资本所占的比例大，则资本周转就快。

（五）社会资本的再生产

社会资本再生产是指通过各个资本相互交错、互为条件的不断循环运动而实现的社会总资本的再生产。

社会资本再生产是资本循环与资本周转理论的继续，是资本流通理论的重要组成部分。其内容主要有：

1. 社会资本再生产理论的前提。马克思根据使用价值的最终用途，把社会总产品划分为生产资料和消费资料两大类，相应地把社会生产分为生产资料生产和消费资料生产两大部类。同时，又把每个部类的产品从价值上划分为不变资本 C、可变资本 V 和剩余价值 M 三个组成部分。这三部分价值是同每个生产部门、每一企业、每一产品的价值组成相一致的。社会生产划分为两大部类和每部类产品的价值划分为三个组成部分，是马克思创立社会再生产理论的两个重要前提。

2. 社会资本再生产运动的核心问题是社会总产品的实现问题。社会资本再生产运动和单个资本再生产运动相比，它不仅包含预付资本运动，而且包含剩余价值运动；不仅包含生产消费，而且包含生活消费；不仅包含资本流通，而且包含一般商品流通。因而，在单个资本再生产运动中，作为外部条件的货币资本转化为生产资本、商品资本转化为货币资本，即狭义的流通过程中的实物替换和价值补偿，可以假定它们顺利而正常地实现。但在社会资本再生产运动中，这些条件，却由外部条件转化为内部因素，成为必须解决的核心问题。也就是说，必须解决资本家如

何和从哪里取得生产资料，工人和资本家如何和从哪里取得消费资料，这些问题得到解决，社会总产品的各个部分才能实现价值补偿和实物替换。

3. 社会资本再生产的物质基础。社会资本再生产运动的核心问题是实物替换和价值补偿的实现问题。而这两方面的关系，又是以实物替换为基础。从简单再生产来看，就是已消耗掉的生产资料如何替换上，已消耗掉的消费资料如何替换上。在进行实物替换时，价值组成的各个部分也必须相应地得到补偿。只有实物上和价值上都得到替换和补偿，简单再生产才能实现。扩大再生产是在简单再生产的物质基础上进行的。第一部类要进行扩大再生产，剩余价值就不能全部用于资本家个人消费而去和第二部类相交换，必须有一部分转化为积累。这样剩余价值即 M 就分为两部分：一部分仍作为资本家的个人消费（以 M/X 代表）；一部分用作积累（即 $M-M/X$）。而积累又必须按照生产资料和劳动力的比例分为两部分：一部分作为追加不变资本（以 ΔC 代表）；一部分作为追加可变资本（以 ΔV 代表）。由于 M 有一部分留作本部类的积累，不能再和第二部类去交换，所以 $\mathrm{I}(V+M)<\mathrm{II}C$。同样，第二部类要进行扩大再生产，$M$ 也必须分为M/X、ΔC、ΔV 三部分，留作本

部类积累的可变资本部分也不能去和第一部类相交换，所以 $\text{II}\,(C+M-M/X) > \text{I}\,(V+M/X)$。这两个公式正是表明了进行扩大再生产要有追加生产资料和追加消费资料这个物质基础。

4. 社会资本再生产的比例关系。无论是简单再生产，或是扩大再生产，社会总产品各个组成部分的实物替换和价值补偿，必须按一定比例，经过相互交换，才能全部实现。交换关系有三种情况，马克思称为三大要点：

①$\text{I}\,C$ 或 $\text{I}\,(C+\Delta C)$，是通过第一部类内部相交换而得到实现；

②$\text{II}\,(V+M)$ 或 $\text{II}\,(V+\Delta V+M/X)$，是通过第二部类内部相交换而得到实现；

③$\text{I}\,(V+M)=\text{II}\,C$ 或 $\text{I}\,(V+\Delta V+M/X)=\text{II}\,(C+\Delta C)$，是通过两大部类之间的相交换而得到实现。

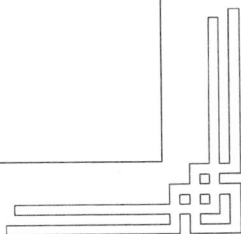

七、席卷全球的风暴——经济危机

经济危机（Economic Crisis）指的是一个或多个国民经济或整个世界经济在一段比较长的时间内不断收缩（负的经济增长率）。是资本主义经济发展过程中周期爆发的生产过剩的危机，是资本主义社会特有的现象，是资本主义经济周期中的决定性阶段。自1825 年英国第一次爆发普遍的经济危机以来，资本主义经济从未摆脱过经济危机的冲击。

（一）经济危机的实质及根源

生产的商品相对于劳动人民的有效需求来说是过剩的。资本主义的经济危机产生的根源是资本主义生产方式的基本矛盾，即生产的社会化与生产资料资本主义私人占有之间的矛盾。资本主义经济危机的根源是生产资料私有与社会化大生产。

在资本主义以前的简单商品经济时期就已经存在经济危机的可能，但这仅仅一种可能，经济危机并没有变为现实。只有在资本主义条件下，资本主义基本矛盾即社会化生产与资本主义私有制之间的矛盾才使这种可能变为现实。

在资本主义经济运行中，资本主义的基本矛盾具体表现为以下两个方面：

第一，个别企业内部生产的有组织性和整个社会生产无政府状态之间的矛盾。在资本主义经济运行中，个别企业内部的生产具有严密的组织性和纪律性。资本家为了在激烈的竞争中取胜，尽力改进生产技术和完善劳动组织及经营管理。但是，由于生产资

料被资本家私人占有，个别企业生产什么、生产多少，完全由个别资本家自己决定，整个社会生产处于无政府状态之中。即如恩格斯所指出的："资本主义生产方式用来加剧社会生产中的这种无政府状态的主要工具正是无政府状态的直接对立物：每一个别生产企业中的社会化生产所具有的日益加强的组织性。"这一矛盾发展到一定程度，就会导致社会再生产比例关系的破坏。当这种比例失调发展到十分严重的程度，引起大量商品过剩时，就会引致经济危机的爆发。

第二，资本主义生产无限扩大的趋势同劳动人民有支付能力的需求相对缩小之间的矛盾。受剩余价值绝对规律和资本主义竞争规律的支配，资本主义生产具有无限扩大的趋势，因而要求市场也相应扩大。但是，资本积累的增长和资本有机构成的提高，造成了相对过剩人口的形成，使广大劳动者陷入失业和半失业的贫困状态中。与社会生产扩大的趋势相比，劳动人民有支付能力的需求相对萎缩，从而导致资本主义生产和消费之间的严重对立。当资本主义生产无限扩大的趋势和劳动人民有支付能力的需求相对缩小之间的矛盾达到一定程度时，市场上的大量商品就找不到销路，就会出现生产的相对过剩，从而引致经济危机的爆发。

因此，资本主义经济危机的根源在于资本主义的基本矛盾，它是生产的社会化和生产资料资本家私人占有之间矛盾尖锐化的必然结果。经济危机是资本主义制度的必然伴侣。

（二）经济危机的特征

资本主义经济危机所暴露的生产过剩，并不是生产出来的商品真正超过了人民群众的实际需要。要使现有的人口都能够富裕地生活，充分满足他们的物质、文化生活的需要，生活资料并不是生产得太多了，而是生产得太少了。但是，相对于人民群众有支付能力的需求而言，又的确是生产得太多了。就生产资料来说，要使有劳动能力的人口都能够充分就业，促进生产的迅速发展，各生产部门还要进行大量的设备投资。生产资料同样不是太多了，而是太少了。但是，要使生产资料按一定的利润率作为剥削工人的手段而起作用，现有的生产资料又的确是周期地生产得太多了。由此可见，资本主义的生产过剩并不是绝对

的过剩，而是相对的过剩。在资本主义社会以前的各个社会形态里，由于战争、瘟疫、天灾等各种原因，以及剥削阶级的横征暴敛，也会在一个或长或短的时期内使生产和社会生活陷于严重的苦难和危机之中。但这种危机的特征是生产严重不足，而资本主义的经济危机则是生产过剩。

（三）如何克服经济危机

作为小资产阶级的代言人，西斯蒙第认为这一途径是回到小生产去，发展小生产。因为小生产有无比的优越性，不会发生经济危机。具体来说，小生产是为消费而生产，生产不是无限的；其产品就近销售或为人定做，最能了解市场需求状况，不会发生生产无限扩大和消费不足的矛盾；小生产者同生产条件不分离，全部劳动产品归自己，他不剥削别人也不受别人剥削，小生产能保证每个人的幸福。因此，要克服经济危机就得取消大生产，保存小生产，至少要削弱大生产，发展小生产。而作为革命家和旧制度的批判者，马克思认为克服经济危机的途径只能是用生产资料公有制代替资本主义私有制，让全社会占有生产资料，在此基础上的生产目的是为了满足人民群众日益增长的物质文化需要，生产也能在社会的统一计划指导下避免盲目性，从而避免经济危机。

由上可知，西斯蒙第经济危机理论的重大功绩在于看到了资本主义生产的盲目性和生产与消费之间的矛盾，特别是肯定了资本主义经济危机的存在，并断言生产过剩的经济危机是资本主义制度的必然产物，而且他强调制度因素和社会再生产四环节对经济危机的影响，所有这些都成了马克思经济危机理论的重要渊源。

也不难看出，西斯蒙第的经济危机理论是有明显缺陷的：

第一，其理论基础是错误的。

虽然生产最终是为了消费，消费也对生产有反作用，但生产对消费起决定作用。生产为消费提供对象，规定消费的方式，为消费创造动力。西斯蒙第关于消费先于生产并决定生产的观点却从根本上否定了生产对消费的决定作用，是错误的。而他的另一理论基础——"斯密教条"，由于丢掉了不变资本部分，仅仅强调个人消费和生活资料实现问题，而不懂得除此之外还有生产消费和生产资料实现问题，因此不能

正确分析资本主义再生产。

第二，他将资本主义经济危机仅仅归因于生产与消费的矛盾，并未找到危机的根源。实际上，资本主义经济危机的根本原因在于：

一方面，追求利润最大化的内在动力和相互竞争的压力迫使资本家自发地、盲目地扩大生产规模；另一方面，生产资料的资本主义私有制决定的不合理分配又造成社会财富越来越集中到少数人手中，这就使广大民众的需求不足，从而出现生产与消费的矛盾。所以，资本主义荃本矛盾即生产的社会化与生产资料的资本主义私有制之间的矛盾和市场经济自身的缺陷才是危机的总根源。

第三，资本主义经济危机的历史证明了西斯蒙第对经济危机特征的论断是不符合实际的。经济危机不是永续不断而是周期性的，每隔若干年就爆发一次。

第四，以削弱大生产发展小生产作为克服经济危机的途径，那更是历史的倒退，是小资产阶级的浪漫幻想。

马克思批判地继承了西斯蒙第的理论并从以下方面加以发展：

其一，资本主义经济危机产生的根源在于资本主义基本矛盾，生产与消费的矛盾只不过是这一基本矛盾的具体表现。

其二，资本主义经济危机是周期性爆发的，其原因是资本主义基本矛盾运动的阶段性，其物质基础是固定资本更新。

其三，解决经济危机的方法是推翻资本主义制度，用生产资料公有制代替私有制，由社会中心统一安排社会生产。

生产过剩的经济危机并非资本主义特有的现象，社会主义市场经济条件下也存在发生生产过剩经济危机的可能性。

马克思之所以把生产过剩的经济危机看作资本主义的特有现象，是因为马克思把资本主义经济看作是商品经济发展的最高和最后阶段，市场经济的特性如盲目性、自发性、趋利性、竞争性也最充分地暴露出来，而代替资本主义的未来社会不存在商品货币关系，生产过剩的经济危机当然就不会发生。众所周知，后来的社会主义革命和建设实践与马克思的设想不完全一致，实践证明在社会主义条件下市场经济的各种规律仍然发生作用。

如上所述，既然社会主义市场经济条件下存在发生经济危机的可能性，对此我们就要有充分的认识并积极发挥国家的宏观调控作用。一方面在科学预测的

基础上，利用经济、法律、行政手段引导国民经济各部门按比例协调发展；另一方面坚持以共同富裕为目标防止两极分化，争取城乡人民的生活水平随着社会生产的发展而持续增长。

西斯蒙第断言资本主义经济危机是永续不断的、永久性的经济危机而不是周期性的，因为今年的产品是用去年的收入购买的，只有今年的生产与去年的收入相适应才不会发生生产过剩。但资本主义下生产年年扩大，今年的产品总是超过去年的收入，这就发生了一种永恒的收入不足因而经常存在着过剩的产品，所以资本主义经济会永远处于生产过剩的危机中。马克思却指出，资本主义经济危机具有明显的周期性，经济危机每隔若干年就爆发一次。经济危机之所以周期性地爆发，其原因在于资本主义基本矛盾运动过程本身的阶段性，只有当资本主义基本矛盾发展到尖锐化程度，使社会再生产的比例严重失调时，才会发生经济危机。而经济危机以后一段时期内，资本主义各种矛盾暂时缓和，生产重新恢复和发展。但由于资本主义基本矛盾从而产生经济危机的根源并没有消除，因此，随着资本主义生产的恢复和高涨，资本主义基本矛盾又重新激化，必然导致再一次经济危机的来临。经济危机的周期性爆发，使资本主义再生产过程也具有周期性。从一次危机爆发到下一次危机爆发所经历的时期即一个再生产周期。它一般包括危机、萧条、复苏、高涨四个阶段。

（四）经济危机理论的现实意义

经济危机是资本主义经济运行一切矛盾的现实综合和强制平衡。对经济危机理论的研究是探索资本主义生产方式运动规律及其趋势不可或缺的方面。马克思对经济危机理论虽然没有作过系统论述，但他在经济学手稿和著述中对经济危机的根源、性质及其过程等问题多有涉及，特别是对经济危机的制度性特征、经济危机生成与爆发的一般机理等问题做过深入探索。面对国际金融危机的现实，我们仍能体会到马克思经济危机理论的当代意义。

世界市场和危机最为具体的展开形式

19世纪40年代后半期，马克思开始政治经济学研究时，就对经济危机的必然性及其周期性问题做了探讨。马克思把经济危机的根源归于"生产力已经增长到这种关系所不能容纳的地步，资产阶级的关系已

经阻碍生产力的发展"。对"繁荣、衰退、危机、停滞、新的繁荣等等周而复始的更替"的运行过程做了初步探索。

19 世纪 50 年代末，马克思在"政治经济学批判"的手稿中，对经济危机问题做了多方面论述。马克思首先对危机问题在政治经济学理论体系中的地位做了论述。他在确定"政治经济学批判"的"六册结构计划"时，明确地把"世界市场和危机"看作资本主义经济关系的最具体的规定性，并对此做了两个方面的重要说明。一方面，资本主义经济危机作为货币关系发展到一定阶段的产物，与世界市场的"独立化"有着密切的联系。正是由于货币关系的发展和世界市场独立化的交互作用，才使得生产和消费的普遍联系及全面依赖，与消费者和生产者的相互独立及漠不关心形成明显对立，从而导致资本主义普遍的经济危机。经济危机在"世界市场"上取得了最为具体的展开形式。另一方面，只有在世界市场体系中，资本主义经济运行一切矛盾才得以展开，"危机就是普遍表示超越这个前提，并迫使采取新的历史形式"马克思科学地预见到，在发达的国际经济关系中，即如在现实的经济全球化体系中，经济危机必然取得"新的历史形式"。

危机和资本的限制因素

在这部手稿对货币关系和资本关系的分析中，马克思还揭示了经济危机的可能性和现实性问题。在简单商品流通中，货币作为流通手段和支付手段只是潜在地存在危机的可能性。这种可能性，在资本主义发达的商品流通中才可能成为现实，即"只是在那种取得典型发展的、与自身概念相符合的流通的各种基本条件已经存在的地方，才有可能成为现实"。经济危机的根源在于资本主义生产关系以及与之相适应的交换关系和分配关系的性质。全球资本主义经济关系的高度发展使世界经济危机取得了新的现实形式。

在马克思看来，经济危机是"社会的生产发展同它的现存的生产关系之间日益增长的不相适应"的具体表现。通过对剩余价值生产和实现过程的分析，马克思揭示了资本对生产力发展的"四个限制因素"：一是必要劳动是活劳动能力的交换价值的界限；二是剩余价值是剩余劳动和生产力发展的界限；三是货币是生产的界限；四是使用价值的生产受交换价值的限制。这"四个限制因素"，实质上是资本主义经济关系中生产的发展与雇佣工人消费的萎缩、资本价值增殖的生产目的与手段、价值生产与价值实现等矛盾的集中体现。这些"限制因素"的强制作用，使得资本

在不断推动生产力发展的同时，周期地遭遇愈益深刻的经济危机。

危机的可能性形式和现实性形式

19 世纪 60 年代初，马克思在"政治经济学批判"的手稿中，以对萨伊、李嘉图和西斯蒙第等经济学流派的危机理论批判为基础，进一步明确了探讨资本主义经济危机问题的思路，即"要就危机来自作为资本的资本所特有的，而不是仅仅在资本作为商品和货币的存在中包含的资本的各种形式规定，来彻底考察潜在的危机的进一步发展"。马克思认为，在简单商品经济条件下，已经存在危机的两种形式的可能性。第一，商品形态变化本身出现了买和卖的分离，这种分离使原来相统一的 W—G 和 G—W 之间的统一，"要通过强制的方法实现……要通过强加在它们的彼此独立性上的暴力来完成。危机无非是生产过程中已经彼此独立的阶段强制地实现统一"。第二，货币作为支付手段的职能，"在两个不同的、彼此分开的时刻执行两种不同的职能"它在各种支付相互抵消时只是观念地作为价值尺度发生作用，而在价值实现时需要实在的货币进行支付。在这一过程中，如果债务人和债权人之间形成的连锁关系中有一个环节断裂，就可能出现以支付手段严重短缺为主要特征的货币危机。在当代世界经济关系中，危机的这两种可能性形式，取得了新的现实性形式；货币危机也转化为金融危机，并凸显为经济危机的新特征。

危机和经济运行矛盾的暴力解决

1863 年以后，马克思在《资本论》三卷手稿中，对经济危机从潜在的可能性向实在的现实性转化过程做了论述。特别是在《资本论》第一卷中，马克思在对货币流通手段和支付手段的分析中，探讨了经济危机的潜在可能性问题；在对资本积累的分析中，揭示了资本的财富积累和工人的贫困积累的深刻矛盾，证明积累与经济危机联系的内在机理。在《资本论》第二卷中，马克思在对资本循环、资本周转和社会资本再生产问题的分析中，揭示了资本主义经济运行中生产和消费、供给和需求、剩余价值生产和实现之间的一系列矛盾，证明了这些矛盾和经济危机之间的内在联系。在《资本论》第三卷中，马克思在揭示利润率趋向下降规律的基础上，深入阐述了资本主义经济危机的根源及其对资本主义运动历史趋势的影响。在马克思看来，资本主义经济危机的根源就在于资本主义经济运动中物质生产能力发展同它的社会形式之间的冲突："当一方面分配关系，因而与之相适应的生产关系的一定的历史形式，和另一方面生产力，生产能

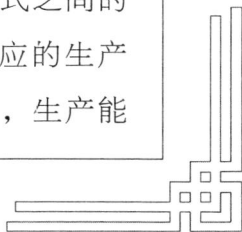

力及其要素的发展，这二者之间的矛盾和对立扩大和加深时，就表明这样的危机时刻已经到来。这时，在生产的物质发展和它的社会形式之间就发生冲突。"马克思由此揭示了立足于资本主义基础之上的，有限的消费范围和不断地为突破自己固有的这种限制的生产之间的冲突，以及资本增殖的生产目的和社会生产力的无条件发展这一手段之间的冲突的根本性质。马克思认为，无论以什么形式出现的经济危机，都是通过对社会生产力的极大破坏，强制地使资本主义经济发展的一些矛盾得到缓解。但是，"危机永远只是现有矛盾的暂时的暴力的解决，永远只是使已经破坏的平衡得到瞬间恢复的暴力的爆发"当一个社会的生产力发展，只能依靠对这种生产力本身的暴力的破坏才能继续前进时，这一社会的历史局限性也就暴露无遗了。

信用经济、金融市场和危机

经济危机的根源尽管在生产领域，但流通领域特别是信用经济、金融市场等对经济危机同样有着重要的制导作用。资本循环中的闲置货币资本、准备金、周转机制中游离出的货币资本等，是信用经济和信用制度产生和作用的导因。信用的扩大是资本积累的根本特征之一。在信用制度的作用过程中，企业不仅要完成对支付承诺的完全兑现，而且还要全额支付作为货币资本"使用价值"的利息。在经济不断扩张的过程中，迎合企业对货币资本不断扩张的需求，利息率会不断地提高，企业支付的利息随之增加。在货币资本不断扩张中，受利润率下降和利息率上升双重作用的挤压，企业利润必然减少，进而导致资本紧缩，信用的连锁关系中断，经济崩溃迅速逼近。结果，信用创造的虚假需求不仅不能解决生产与消费之间的深刻矛盾，反而加剧了生产扩张与消费萎缩之间的尖锐冲突。因此，"信用的最大限度，等于产业资本的最充分的动用，也就是等于产业资本的再生产能力不顾消费界限的极度紧张"，在信用关系发达的经济关系中，生产能力过剩的危机，必然表现为货币流通的危机和信用链环及金融体系的崩溃。马克思认为，"在再生产过程的全部联系都是以信用为基础的生产制度中，只要信用突然停止，只有现金支付才有效，危机显然就会发生"。

马克思对信用危机的探索，对我们理解当代国际金融危机有着重要的意义。马克思认为，"信用制度加速了生产力的物质上的发展和世界市场的形成……同时，信用加速了这种矛盾的暴力的爆发，即危机，因而加强了旧生产方式解体的各种要素"，只有信用

链环在再生产过程中的不断继起，才能维持资本的顺畅回流，才能保证经济的持续发展。当再生产过程受到阻碍，资本的回流必然出现困难，信用制度或金融体系必然遭到破坏，以信用危机或金融危机为特征的经济危机就将全面爆发。马克思认为，信用危机是通过资本转移、信用支持和利润率下降的反复引导而扩展开来的；只有在再生产出现普遍的生产过剩时，信用制度的内在矛盾才会绝对化、公开化，金融危机和经济危机才会成为现实。

虚拟资本和信用制度、金融危机

信用或金融危机的爆发，与以虚拟资本为代表的信用制度和金融系统超常的混乱发展有着直接的联系。虚拟资本的自我膨胀运动，是信用或金融危机形成的主要机制。在19世纪中叶，马克思是极少数深刻论述虚拟资本的经济学家之一。马克思所指的虚拟资本，主要是股票、债券、银行汇票等银行资本。与虚拟资本相应的虚拟经济，主要是指以票券方式持有权益并交易权益所形成的经济活动，金融业是其主要形式。虚拟经济是资本独立化运动的经济，资本以脱离实物经济的价值形态独立运动是虚拟经济的根本体现。

马克思有关虚拟资本的理论，深刻揭示了信用危机与金融危机产生的根源。马克思在研究虚拟资本与现实资本的关系时认为，由于货币资本积累并非完全来源于生产的扩大，它的积累必然总是比现实存在的资本积累更大，并总会在周期的一定阶段出现货币资本的过剩和膨胀。这些货币资本会通过信用制度得到成倍的扩张，出现一定规模的日益扩张的虚拟资本。这时，"这个货币资本的相当大的一部分也必然只是虚拟的，也就是说，完全象价值符号一样，只是对价值的权利证书"，虚拟资本的疯狂扩张完全脱离了实体资本的规定与运行。虚拟资本的过度膨胀和信用链环的断裂，是金融经济危机爆发的直接导因。

马克思对虚拟资本的产生和发展的理论探讨，对当代国际金融经济危机的研究有着重要的意义。我们要结合新的情况和实际经济运行的现状，发展马克思有关虚拟资本和虚拟经济的论述，深刻理解现代经济危机和金融危机产生的根源、发生的特征及其严重后果。在经济全球化背景下，各个国家之间的经济联系越来越紧密，任何一个国家的经济动荡都会对其他国家和地区产生影响。完善和发展我国的资本市场，提高驾驭虚拟资本的能力，在发展虚拟经济的同时，加强对资本市场和金融行业的监管，及时对可能发生的种种风险如信用风险、流动性风险、市场风险、经营风险等进行防范和有效化解，是应对经济全球化背景下国际经济危机冲击的必然措施，更是完善和发展中国特色社会主义市场经济的根本要求。

1637 年郁金香狂热

在 17 世纪的荷兰，郁金香是一种十分危险的东西。1637 年的早些时候，当郁金香依旧在地里生长的时候，价格已经上涨了几百甚至几千倍。一棵郁金香可能是二十个熟练工人一个月的收入总和。现在大家都承认，这是现代金融史上有史以来的第一次投机泡沫。而该事件也引起了人们的争议——在一个市场已经明显失灵的交换体系下，政府到底应该承担起怎样的角色？

1720 年南海泡沫

1720 年倒闭的南海公司给整个伦敦金融业都带来了巨大的阴影。17 世纪，英国经济兴盛。然而人们的资金闲置、储蓄膨胀，当时股票的发行量极少，拥有股票还是一种特权。为此南海公司觅得赚取暴利的商机，即与政府交易以换取经营特权，因为公众对股价看好，促进当时债券向股票的转换，进而反作用于股价的上升。为了刺激股票发行，南海公司接受投资者分期付款购买新股的方式。投资十分踊跃，股票供不应求导致了价格狂飚到 1000 英镑以上。公司的真实业绩严重与人们预期背离。后来因为国会通过了《反金融诈骗和投机法》，内幕人士与政府官员大举抛售，南海公司股价一落千丈，南海泡沫破灭。

1837 年恐慌

1837 年，美国的经济恐慌引起了银行业的收缩，由于缺乏足够的贵金属，银行无力兑付发行的货币，不得不一再推迟。这场恐慌带来的经济萧条一直持续到 1843 年。恐慌的原因是多方面的：贵金属由联邦政府向州银行的转移，分散了储备，妨碍了集中管理；英国银行方面的压力；储备分散所导致的稳定美国经济机制的缺失等。

1907 年银行危机

1907 年 10 月，美国银行危机爆发，纽约一半左右的银行贷款都被高利息回报的信托投资公司作为抵押投在高风险的股市和债券上，整个金融市场陷入极度投机状态。

首先是新闻舆论导向开始大量出现宣传新金融理念的文章。当时有一篇保罗的文章，题目是"我们银行系统的缺点和需要"，从此保罗成为美国倡导中央银行制度的首席吹鼓手。

此后不久，雅各布·希夫在纽约商会宣称："除非我们拥有一个足以控制信用资源的中央银行，否则

我们将经历一场前所未有而且影响深远的金融危机。"

1929—1933 年大萧条

1929 年 10 月 24 日，美国爆发了资本主义历史上最大的一次经济危机。

在此前的 1923 年到 1929 年，美国经济在股票、证券等"经济泡沫"的影响下迅速增长，年生产率增长幅度达 4%。可是，美国农业在此期间长期不景气，1929 年农场主纷纷破产；同时工业增长和社会财富分配极端不均衡，全国 1/3 的国民收入被占人口 5% 的富有者占有，60% 的家庭生活水平仅够温饱。种种因素酝酿出这次经济危机。

在此次经济危机中，美国人在证券交易所内一周损失 100 亿美元；为了维持农产品价格，农业资本家和大农场主大量销毁"过剩"的产品，用小麦和玉米代替煤炭做燃料，把牛奶倒进密西西比河。在整个经济危机结束时，美国工业生产下降了 56.6%，其中生铁产量减少了 79.4%，钢产量减少了 75.8%，汽车产量减少了 74.4%，失业人数达 1200 多万人，至少 13 万家企业倒闭。

美国的这次危机震撼了整个资本主义世界，整个资本主义世界的工业生产下降了 44%，比 1913 年的水平还低 16%，倒退到 1908 年至 1909 年的水平，失业人数达到 5000 万人左右，一些国家的失业率竟高达 30%～50%。资本主义世界的对外贸易总额下降了 66%，倒退到 1913 年的水平以下。

1933 年罗斯福上台担任美国总统，推出了旨在保证资本主义制度稳定发展的新政，从全国银行"休假"整顿开始，对美国经济进行改革、复兴和救济，此次经济危机也在持续 4 年之后终于落下帷幕。

1948—1949 年"马歇尔计划"

马歇尔计划全文的第一页

1948 年 8 月至 1949 年 10 月，美国发生了战后第一次经济危机。这次危机是美国经过了战后短暂的繁荣后的突然爆发。形成危机的根本原因，是第二次世界大战时期美国形成的高速生产惯性，和战后重建时国际国内市场需求暂时萎缩，两者形成了尖锐的矛盾。

这次危机从消费品生产部门开始，然后波及原料生产和机器设备部门。危机期间，美国整个工业生产下降了 10.10%，固定资本投资下降 16% 失业率达到 7.9%，道·琼斯工业股票的平均价格下降了 13.3%。并且在工业危机的同时，还出现了农业危机。

为了缓和危机，杜鲁门政府出台了著名的"马歇

尔计划"。马歇尔计划（Marshall Plan），其实质是美国对欧洲进行援助的计划，也称为"欧洲复兴计划"。当时的美国国务卿乔治·马歇尔在哈佛大学发表演说时首先提出，欧洲粮食和燃料等物资极度匮乏，其需要的进口量远远超过它的支付能力。因此呼吁欧洲国家采取主动共同制订一项经济复兴计划，美国则用其生产过剩的物资援助欧洲国家。1947年7月至9月，英、法、意、奥、比、荷、卢、瑞士、丹、挪、瑞典、葡、希、土、爱尔兰、冰岛16国的代表在巴黎开会，决定接受马歇尔计划，建立了欧洲经济合作委员会，1948年4月，德国西部占领区和的里雅斯特自由区也宣布接受1948年4月3日美国国会通过《对外援助法案》，马歇尔计划正式执行。

马歇尔计划为北大西洋公约组织和欧洲经济共同体的建立奠定了基础，同时，也成功缓解了美国这次持续15个月的经济危机。

1973—1975年石油危机

1974年美国的汽油定量配给票

1973年10月，第四次中东战争爆发，阿拉伯石油生产国削减石油输出量，造成油价飞涨，立即打乱了西方国家经济发展的节奏，从而引发了经济危机。

除开石油危机的因素，美元的贬值和和此次危机的产生也不无关系。1971年，由于美国国际收支赤字的不断上升，同时西方外汇市场大量抛售美元、抢购黄金和西德马克，为防止美国黄金储备的严重枯竭，美国尼克松政府宣布暂停按布雷顿森林体系所规定的以每盎司黄金换35美元的价格向美国兑换黄金；当年12月，美元正式贬值7.8％；1973年1月，新的美元危机再度爆发，2月2日美国再度宣布美元贬值10％，3月，西欧各国对美国实行浮动汇率。至此，以美元为中心的布雷顿森林货币体系宣告瓦解，波及整个西方资本主义国家的经济危机也呼之欲出。

这是战后最严重的一次全球经济危机。在危机发生一年之后的1974年12月，美国汽车工业下降幅度高达32％，道·琼斯股票价格平均指数比危机前的最高点下跌近一半，1975年，美国的失业率高达9.2％。而在此期间，整个西方资本主义世界的工业生产下降了8.1％；英国的股市比危机前的最高点下跌了72％；危机最严重的1975年，西方发达国家的每月平均失业总人数达1448万人；世界贸易的总额在1975年减少了6％。

最为可怕的是，此次经济危机造成了西方资本主义经济较长时间的"滞胀"。一方面，危机之后，经济回升极其缓慢；另一方面，通货膨胀却与萧条共

存。危机过后，各发达国家的通胀率依然居高不下，美国的通胀率甚至还不断上升，1979 年消费物价上涨年率达到 13.2%。

直到 80 年代里根成为总统后，运用减税、减规、减开支和节制通货流量等"里根经济学"，才使得美国经济逐渐走出"滞胀"出现巨大的回升。

1987 年黑色星期一

1987 年，因为不断恶化的经济预期和中东局势的不断紧张，造就了华尔街的大崩溃。这便是"黑色星期一"。1987 年 10 月 19 日上午 9 时 30 分，纽约股市一开盘，道·琼斯指数经过一段颤动后突然下跌，截至休市，道·琼斯指数暴跌 508.32 点，跌幅达 22.62%，超过了 1929 年 10 月 29 日纽约股市暴跌的纪录。如果将抽象的指数折算成货币，这一大纽约股市下跌使市场丧失了 5000 亿美元的市值。这个数字几乎相当于当年美国国内生产总值的八分之一。

这次突如其来的股灾，实际上是在一系列因素共同促成的必然结果。自 1983 年起，美国以至整个西方经济进入了一个持续增长期，同时整个西方国家的股市也进入了前所未有的全面牛市中，1982—1987 年，美国道·琼斯指数上涨了两倍多，意大利、日本、联邦德国股市也分别上涨了 3.56 倍、3.51 倍和

1.6 倍，市场出现过热的迹象；但在 1987 年，西方国家的经济已出现了经济衰退的迹象，它已无法支持股市上涨，导致了经济泡沫的产生；此外 1986 年，美国财政赤字 2210 亿美元，外债更是高达 2636 亿美元，已沦为世界最大债务国；另外西方各国在协调经济发展中不断发生贸易纠纷，也影响了世界经济和股市的稳定。

纽约股市的暴跌，迅速引起了西方主要国家股票市场连续大幅下挫。10 月 19 日，英国伦敦《金融时报》指数跌 183.70 点，跌幅为 10.8％；日本东京日经指数 10 月 19 日、20 日累计跌幅为 16.90％；香港恒生指数 19 日下跌 420.81 点，跌幅 11.2％；法国、荷兰、比利时和新加坡股市分别下跌 9.7％、11.8％、10.5％和 12.5％，巴西、墨西哥股市更是暴跌 20％以上。

10 月 23 日，美元遭到抛售大幅贬值。受此影响，10 月 26 日道·琼斯指数再次暴跌 156.63 点，跌幅为 8.03％其他国家股市也再次随之下跌，香港恒生指数更是暴跌 1120.7 点，日跌幅高达 33.33％，创世界股市历史上的最高跌幅。

这是迄今为止影响面最大的一次全球性股灾，造成了世界主要股市的巨大损失。美国股票市值损失

8000 亿美元，世界主要股市合计损失达 17920 亿美元，相当于第一次世界大战直接和间接经济损失的 5.3 倍。

2007—2008 年次贷危机

2002 年以来利率先降后升，房地产市场却先热后冷，导致大批蓝领阶级陷入房贷陷阱。

次贷危机是由美国次级房屋信贷行业违约剧增、信用紧缩问题而于 2007 年夏季开始引发的国际金融市场上的震荡、恐慌和危机。

为缓解次贷风暴及信用紧缩所带来的各种经济问题、稳定金融市场，美联储几月来大幅降低了联邦基金利率，并打破常规为投资银行等金融机构提供直接贷款及其他融资渠道。美国政府还批准了耗资逾 1500 亿美元的刺激经济方案，另外放宽了对房利美、房地美（美国两家最大的房屋抵押贷款公司）等金融机构融资、准备金额度等方面的限制。

在美国房贷市场继续低迷、法拍屋大幅增加的情况下，美国财政部于 2008 年 9 月 7 日宣布以高达 2000 亿美元的可能代价，接管了濒临破产的房利美和房地美。

八、永葆青春的生命力
——马克思主义政治经济学经久不衰

（一）具有中国特色的
马克思主义政治经济学

世纪之交，世界局势发生了深刻的变化，突出表现为一些局部地区战争频仍，西方国家对我国"西化"、"分化"图谋加剧。这种现象是否意味着邓小平关于和平与发展时代主题的概括已经过时？这是在21世纪社会主义进程必须首先搞清楚的重大问题。在这个问题上能否保持清醒的头脑和正确的认识，不

仅直接关系到我们对国际格局的总体判断，而且直接关系到我们能否坚定不移地贯彻邓小平理论的基本原则和战略思想。假如和平与发展的时代主题判断已经过时，那么作为和平与发展时代的马克思主义，邓小平理论也就失去了现实的时代价值。江泽民以马克思主义的基本观点和邓小平的基本理论为指导，对世纪之交国际国内的复杂变化进行了精辟分析，做出了科学判断，深刻指出："尽管天下仍很不太平，但在较长时期内避免新的世界大战是可能的"，和平与发展仍然是当今时代的主题。"多极化格局的最终形成是一个充满复杂斗争的长期过程，但这一历史方向不可逆转"；"经济全球化趋势已经和正在给各国经济发展带来深刻的影响"。这一重要论述，完全符合世纪之交国际格局的现状和 21 世纪世界变化的趋势。

21 世纪的时代主题所以仍然是和平与发展，取决于这样几个内在因素：其一，随着世界民主独立力量的发展，一两个超级大国主宰世界的局面将不复存在，世界政治多极化格局将愈益凸显，并且成为不可逆转的大趋势，这是制约新的世界大战的最重要因素。人类在多极化格局中将赢得更多的和平环境和发展机遇。其二，随着世界市场的进一步扩大和经济全球化趋势的进一步加剧，追求发展特别是寻求经济社会可持续发展，将成为 21 世纪世界各国关注的焦点问题。人类在经济全球化趋势中将面临着更多的发展机遇和发展课题。其三，随着现代科学技术日新月异的发展和社会生产力质的飞跃，无论是发达国家还是发展中国家，无论是资本主义国家还是社会主义国家，都不可回避地必须调整现存的生产关系乃至政治上层建筑，否则难以生存。改革和调整将继续成为 21 世纪世界发展中的主潮流。人类在改革与调整潮流中将创造更多的相互开放、共同发展的机遇。

总之，21 世纪的世界，将是沿着和平与发展的主题不断前进的世界。处在这样一种时代背景下，中国社会主义的一切重大战略问题，只能以马克思主义在现时代的集中体现——邓小平理论的基本观点和基本原则为指导。这是中国特色社会主义在 21 世纪生机勃勃向前发展的最根本保证。马克思主义的时代精神、实践性、唯物辩证法思想和历史使命对无产阶级政党提出了明确的要求，这就是必须以与时俱进的态度对待马克思主义，既要以马克思主义为指导，去开辟前进道路，又要在实践中丰富和发展马克思主义，使马克思主义与时俱进，真正有着强大的生命力。我们党 80 多年的历史，就是以与时俱进的态度对待马克思主义的历史，就是马克思主义不断丰富和发展的

历史，就是不断推进马克思主义中国化的历史，并具有鲜明的中国特色。

第一，坚持马克思主义的指导地位，反对各种形形色色的自由化思潮及错误倾向，绝不允许指导思想上存在多元化。我们党历来批判怀疑论和取代论所认为的马克思主义不适合于国情或已经不灵了的错误思想。我们党始终坚持只有马克思主义理论而没有别的理论能够解决中国的前途和命运问题的正确主张。

第二，自觉地把马克思主义当成开放、发展的科学体系，特别强调要以发展的观点去对待马克思主义，"绝不能要求马克思为解决他去世之后上百年、几百年所产生的问题提供现存的答案。列宁同样也不能承担为他去世以后五十年、一百年所产生的问题提供现存答案的任务"；"不以新的思想、观点继承、发展马克思主义，不是真正的马克思主义者"。并把握坚持与发展、继承与创新的辩证关系，在实践中探求解决中国实际问题的途径和办法，从而坚持和发展马克思主义。

第三，以实事求是的态度对待马克思主义，努力不懈地同主观主义作斗争，并把主观主义看作是我们革命队伍中的大敌，必须坚决克服它。在反对主观主义方面，我们党在思想理论战线上既反"左"又反右，更主要是反"左"；既反对教条主义，又反对经验主义，特别是批判那种把马克思主义经典作家在特定历史条件下做出的某些个别结论当作一成不变的教条来照搬照套的做法，坚持不用本本去框实践，而是用实践去发展本本。

第四，把马克思主义的基本原理同中国的具体实际相结合，使马克思主义在中国显示出强大的生命力，为世界社会主义运动乃至人类社会的发展做出重大贡献。这着重体现在我们党实现了马克思主义与中国实际相结合的几次重大飞跃上。第一次飞跃是毛泽东带领全党创造性地探索出一条农村包围城市、武装夺取政权的革命道路，形成了毛泽东思想，指导夺取了中国革命的伟大胜利。第二次飞跃是邓小平在粉碎"四人帮"后的历史转折关头，恢复了我们党的马克思主义思想路线。他坚持解放思想、实事求是，带领全党开创了建设有中国特色社会主义的崭新道路，创立了邓小平理论这一当代中国的马克思主义，指导党和人民进行改革开放事业，取得了举世瞩目的成就。第三次飞跃是以江泽民为核心的党中央第三代领导集体，在开创改革发展的新局面的过程中，高举邓小平理论的伟大旗帜，深入探索建设有中国特色社会主义的政治、经济、文化发展规律，形成了一系列新的理

论成果。特别是关于"三个代表"的重要论述，从根本上回答了在充满希望和挑战的 21 世纪，把我们党建设成为一个什么样的党和怎样建设党的问题，是马克思主义发展史上的又一座丰碑，是在新世纪新时代中国共产党永葆生机活力、战胜各种风险和考验的强大思想武器。

（二）如何推进具有中国化的 马克思主义政治经济学

马克思主义政治经济学中，关于商品二重性和劳动二重性的理论，关于劳动价值论和剩余价值的理论，关于雇佣劳动和资本的理论，关于资本主义的基本矛盾——生产的社会性和私人占有的矛盾等，并不因为资本主义后来进入国家垄断阶段而消失其科学性和理论价值。国家垄断资本主义仍然是资本主义，虽然它有一些新的特点，但这些特点并没有根本改变马克思、恩格斯关于资本主义社会基本矛盾理论，关于劳动价值论和剩余价值理论。

实际上，科学技术在生产中的作用的提升，并不是劳动价值论的失效，而是劳动价值论正确性的证明。因为科学技术研究本身是一种复杂的高级的劳动，创造价值的是科技劳动而不是被物化的各种生产设备。各种最先进的设备本身并不创造价值，而是价值的转移。劳动价值论是正确的。剩余价值在资本主义社会中仍然是存在的，仍然是多出于必要劳动而为资本所占有的部分。没有这一部分就没有利润。创造剩余价值的仍然是劳动而不是科技本身和各种先进设备。在经济全球化的时代，资本主义国家的跨国公司，并没有消除生产的社会化和生产资料私有之间的矛盾，而是在世界范围扩大了这种矛盾。因而我们说，马克思主义的经济学说仍然是有生命力的。

第一，要坚定马克思主义信念。马克思主义为人们提供了认识世界和改造世界的强大思想武器。它推动人类社会进步和发展，是无产阶级政党领导广大人民群众夺取社会主义革命和建设事业的胜利的法宝。无论当今世界局势会发生何种变化，无论在改革开放的前进道路上会遇到何种困难，我们都要保持清醒的头脑，自觉地坚定马克思主义信念，坚持党的领导，增强建设有中国特色社会主义的信心，这是我们的事业取得成功的根本保证。

第二，要保持马克思主义的时代精神领先地位。

在和平与发展仍然成为时代主题的当今世界，政治、经济、文化发生深刻的变化，特别是科技进步日新月异，经济全球化进程加快，世界格局多极化局势不可逆转，以经济力、科技力、军事力、凝聚力（文化力）为主要内容的综合国力竞争日趋激烈，这就要求我们党自觉把握时代特征，顺应时代要求，站在时代前沿，前瞻未来和发展趋势。要牢固树立马克思主义的唯物史观，掌握认识世界发展规律和发展趋势的基本原理和基本方法，以便从纷繁复杂的社会现象中认清时代的特征和社会发展的要求，明确我们前进的方向。要有马克思主义的宽广眼光，及时了解当今世界上政治、经济、文化和科技领域中发展的最新动态，以及对我国可能带来的影响，并采取对策，把握机遇，加快我们自己的发展，同时要大胆地广泛吸收人类社会创造出来的文明成果，用来为我国现代化建设服务。要以马克思主义的理论勇气和魄力，在建设有中国特色社会主义的过程中，面对新形势下新情况、新矛盾，深入研究治党治国的重大理论问题和重大实践问题，不断深化对党的执政的规律、对社会主义建设的规律、对人类社会发展的规律的认识，使马克思主义在社会进步中始终处在时代的前沿。

第三，要在实践中丰富和发展马克思主义。要立足于国情，一切从实际出发，即从中国长期处于社会主义初级阶段这个最大的实际出发，从建设有中国特色社会主义的实际出发，抓住解决当今中国社会主要矛盾的问题，以经济建设为中心大力发展生产力，坚持四项基本原则，坚定不移地促进改革开放的深入发展。要把实践创新和理论创新相结合，坚持解放思想、实事求是的思想路线，自觉地把我们的思想认识从不合时宜的观念、体制和做法中解放出来，从对马克思主义的错误的和教条式的理解中解放出来，从主观主义和形而上学的桎梏中解放出来。要以我国改革开放和现代化建设的实际问题、以我们正在做的事情为中心，着眼于马克思主义理论的运用，着眼于对新的实际问题的理论思考，着眼于新的实践和新的发展。要坚持学习人民、尊重人民和代表人民，尊重群众的首创精神，及时总结和概括他们在实践中创造出来的新鲜经验，使马克思主义不断吸收来自于实践的新思想、新认识而向前发展。

第四，要努力为实现马克思主义的历史使命而奋斗。中国共产党人必须以始终代表中国最广大人民的根本利益为己任，一切代表人民利益，全心全意为人民服务。要把贯彻落实新时期党的路线、方针和政策作为考虑问题的基本点；把人民赞成不赞成、满意不

满意、拥护不拥护，作为检验我们的政策措施正确与否的根本标准。党员干部要树立正确的权力观，立党为公，执政为民，经得起执政、改革开放和发展市场经济的考验。要按照"三个代表"的要求，切实加强作风建设，保持党同人民群众的血肉联系，认真解决当前影响党群关系的突出问题。要坚持党的最高纲领与现阶段基本纲领的辩证统一，既要在任何时候都不忘记最终目标是实现共产主义，但是又没有必要去对遥远的未来作具体的设想和描述，我们面临的迫切任务是脚踏实地地为实现党的现阶段基本纲领而不懈努力。要着眼于最高纲领的未来，充分认识到社会主义初级阶段是整个建设有中国特色社会主义的很长历史过程中的初始阶段，坚定不移地贯彻落实党的最低纲领，以实现党的纲领为追求、为动力，不断推进马克思主义的中国化。

参考文献

[1] 列宁选集：第 1 卷 ［M］. 北京：人民出版社，1972.

[2] 《政治教育》1985 年第 8 期.

[3] 马克思恩格斯选集：第 3 卷 ［M］. 北京：人民出版社，1995.

[4] 马克思恩格斯选集：第 2 卷 ［M］. 北京：人民出版社，1995.

[5] 马克思恩格斯选集：第 1 卷 ［M］. 北京：人民出版社，1995.

[6] 马克思恩格斯选集：第 4 卷 ［M］. 北京：人民出版社，1995.

[7] 广东教育学院报提供资料，摘自《对西斯蒙第和马克思经济危机理论的探讨》2002 年 11 月.

[8] 马克思恩格斯全集：第 42 卷 ［M］. 北京：人民出版社，2003：180.

[9] 资本论：第 1 卷 ［M］. 北京：人民出版社，2004：683.

[10] 安启念. 和谐马克思主义：一个被长期遮蔽的视域［J］. 中国人民大学学报，2006，(3).

［11］《当代经济研究》2011 年第 10 期.

［12］兰州商学院提供资料，摘自《视点》.

［13］《中国百科网——经济百科》.

［14］《经济学正义》之四.

［15］《中学生教案》.

［16］《人大经济论坛经济学论坛三区——马克思主义经济学》.

［17］中国社会科学报提供，摘自《马克思经济危机理论的当代意义》.

［18］《经济的坏脾气——1637～2008 全球经济危机史》.

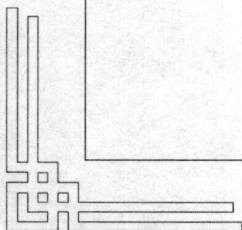